できるマネジャーになる！
マネジメント
トレーニング 77

MANAGEMENT TRAINING 77

日沖 健 著

はじめに

　他の人と協力して目標を達成する活動をマネジメントと呼びます。
　マネジメントの巧拙で、企業経営は大きく変わります。経営者を中心に管理者・リーダーが優れたマネジメントを実践すれば発展しますが、マネジメントが不適切だと、伝統ある一流企業でも、あっという間に衰退してしまいます。
　一方、現代の企業では、管理者・リーダーがマネジメントを進めるのが難しくなっています。グローバル化、IT化、市場成熟化、組織メンバーの多様化といった内外の環境変化が押し寄せているためです。
　私たちは、業務の遂行に必要な知識を社内外の教育訓練で学びます。どんな会社でも導入訓練があることでしょう。ところが、マネジメントについては意外と学習する機会がなく、勘・経験、見よう見まねで試行錯誤している管理職・リーダーの方が多いのではないでしょうか。

　本書は、企業などの組織でマネジメントを実践するノウハウを学んでいただくためのビジネス書です。
　想定する対象読者は、部門・職場でマネジメントを担う管理職・リーダー（本書では併せてマネジャーと呼びます）や、将来そういったポジションを目指す若手・中堅社員です。
　世の中には、マネジメントの進め方を解説するビジネス書がたくさんあります。そうした書籍と比較して、本書にはいくつかの特徴があります。
　第1に最大の特徴は、ビジネスの現場の状況を記述した77のショートケースを使った演習で構成されていることです。マネジメントは、企業の職場で展開される実務です。ケースを自分なりに考えることで、職場で使える実践的な知識を習得していただけるはずです。
　第2に、マネジメントの基本領域を幅広く扱います。マネジメントの範囲は幅広く、得意分野を伸ばすこともさることながら、苦手分野や大きな穴がないことが大切です。執筆者の得意分野・関心領域を重点的に扱っている類書と違って、本書で体系的にマネジメントの知識・スキルを身に付けていただけます。
　第3に、基本から応用的な内容まで幅広く扱います。マネジメントには、100年前から変わらない原理原則がある一方、世の中の環境変化に対応して新しい理論・技法が次々に生まれています。本書は、上司のマネジメントなど

発展的な課題、ワーク・ライフ・バランスなど、新しい課題にも対応しています。

　本書では、厨房機器メーカーで課長に昇進した武田さんを主人公に展開していきます。各項目を2ページ見開き構成で、左のページに武田課長の職場でのマネジメントの状況を描いた77のケースと問題、右のページに解答・解説というパターンです。
　まず、ケースを読んで、問題の答えを考えてみてください。頭で考えるだけでなく、紙に書いてみると考察が深まることでしょう。
　そして、右ページの解答・解説を確認しましょう。マネジメントに絶対の正解はありません。解答は、あくまで"解答例"とお考えください。自分の答えが解答と一致しているかどうかよりも、むしろ違いを確認し、解説を読んで、マネジメントに関する思考の幅を広げることを期待します。
　なお、本書の事例は、著者がコンサルティングでお付き合いさせていただいている複数の企業で実際にあった出来事を、名称や条件設定を変えて記述しています。（世間でよく目にする）登場人物が艱難辛苦を乗り越えてついに大成功を収めるといった、涙と感動のサクセスストーリーではありません。マネジメントの幅広い領域について基本知識・スキルを身に付けていただくことが目的ですので、ご了解ください。

　最近、若い世代では、「管理職になってわざわざ苦労したくない」「他人の世話をするより、自分の好きなことをしていたい」と考えるビジネスパーソンが増えているようです。たしかにマネジャーは、他人に働きかけるのが仕事なので気苦労が多く、自分のやりたいことだけやっているわけにはいきません。
　一方、マネジメントは誕生して100年以上経つのによく解明されていない難易度の高い営みで、マネジメントに取り組むことは人間を最も成長させてくれます。組織においてメンバーと力を合わせて仕事に取り組むことで、個人では到底成し得ない困難なことを成し遂げ、社会の発展に貢献することができます。マネジメントは、苦労も伴いますがやりがいのある仕事なのです。
　読者の皆さんが本書によってマネジメントをレベルアップさせ、充実したビジネスライフを送る一助になれば幸いです。

目　次

はじめに ………………………… 1
プロローグ ……………………… 5

第1章
良い目標を立てる ……………… 7
01 マネジメントとは ……………… 8
02 目標設定のプロセス …………… 10
03 職場の環境分析 ………………… 12
04 職場のミッション・ビジョン …… 14
05 職場の問題整理 ………………… 16
06 職場の目標の設定 ……………… 18
07 目標の共有 ……………………… 20
08 個人目標への落とし込み ……… 22
第1章のおわりに ………………… 24

第2章
業務を進め、改善する ………… 25
09 業務分担 ………………………… 26
10 業務の品質を高める …………… 28
11 業務品質を安定させる ………… 30
12 業務運営コストを下げる ……… 32
13 業務のスピードを上げる ……… 34
14 トラブル対応 …………………… 36
15 問題解決① ……………………… 38
16 問題解決② ……………………… 40
17 問題解決③ ……………………… 42
18 ビジネスプロセスの改善 ……… 44
19 業績の振り返り・評価 ………… 46
第2章のおわりに ………………… 48

第3章
コミュニケーションを深める … 49
20 報連相① ………………………… 50
21 報連相② ………………………… 52
22 報連相③ ………………………… 54
23 提案を引き出す ………………… 56
24 メンバー同士のコミュニケーション … 58
25 他部門との連携 ………………… 60
26 コンフリクトの解消 …………… 62
27 会議の活性化 …………………… 64
28 職場外でのコミュニケーション … 66
第3章のおわりに ………………… 68

第4章
能力とモチベーションを高める … 69
29 能力開発の進め方 ……………… 70
30 研修体系 ………………………… 72
31 ＯＪＴ …………………………… 74
32 自己啓発 ………………………… 76
33 モチベーションの要因 ………… 78
34 職場環境とモチベーション …… 80
35 仕事とモチベーション① ……… 82
36 仕事とモチベーション② ……… 84
37 メンタルヘルス・ケア① ……… 86
38 メンタルヘルス・ケア② ……… 88
第4章のおわりに ………………… 90

第5章
人事制度を運用する ……… 91
- 39 人材ポートフォリオと要員計画 … 92
- 40 勤怠管理① 休憩 …………… 94
- 41 勤怠管理② フレックスタイム制度 … 96
- 42 有給休暇取得 ………………… 98
- 43 職場の安全衛生 …………… 100
- 44 人事考課① ………………… 102
- 45 人事考課② ………………… 104
- 46 職能資格制度の運用 ……… 106
- 47 成果給の導入 ……………… 108
- 第5章のおわりに …………… 110

第6章
個々のメンバーへの働きかけ … 111
- 48 ダイバーシティ・マネジメント … 112
- 49 ベテラン社員への働きかけ … 114
- 50 中途採用社員への対応 …… 116
- 51 女性社員への働きかけ …… 118
- 52 新人への働きかけ ………… 120
- 53 中堅社員への働きかけ …… 122
- 54 コア社員への働きかけ …… 124
- 55 外国人社員への対応 ……… 126
- 56 派遣社員への働きかけ …… 128
- 57 若年社員のキャリア開発 … 130
- 58 中高年社員のキャリア開発 … 132
- 59 退職希望者への働きかけ … 134
- 第6章のおわりに …………… 136

第7章
新しい課題に対応する …… 137
- 60 社員のSNS利用 …………… 138
- 61 セクハラ …………………… 140
- 62 社外での不祥事 …………… 142
- 63 パワハラ …………………… 144
- 64 社員の健康増進 …………… 146
- 65 コンプライアンス ………… 148
- 66 性的マイノリティへの対応 … 150
- 67 テレワーク ………………… 152
- 68 ワーク・ライフ・バランス … 154
- 第7章のおわりに …………… 156

第8章
マネジャーとして進化する … 157
- 69 学習する組織を作る ……… 158
- 70 上司のマネジメント ……… 160
- 71 経営への提言 ……………… 162
- 72 リーダーシップ・スタイル … 164
- 73 経営知識 …………………… 166
- 74 ネットワークの形成 ……… 168
- 75 パワー ……………………… 170
- 76 リーダーの資質 …………… 172
- 77 リーダーとしての志 ……… 174
- 第8章のおわりに …………… 176

プロローグ

「いやぁ、俺も課長か……」

武田は、いつもは夜の付き合いがなければ真っ直ぐ帰宅するのだが、課長昇進の辞令が出た今日は、まず1人で自分を祝ってあげたかった。

最寄り駅そばの居酒屋に入ると、手酌でビールをついで、小声で「武田君おめでとう！」と祝杯を上げた。

武田信夫は、14年前に大学を卒業して、厨房機器メーカーの共和製作所に入社した。大阪営業所に配属されて営業マンとして社会人生活のスタートを切ったが、運悪く2年目に肝臓を悪くして、4か月間治療・療養のため休職した。

職場復帰した武田は、持ち前のガッツと行動力で営業活動に邁進し、ぐんぐん成績を伸ばした。その後、異動になった2か所の営業所でいずれもトップクラスの営業成績を残した。上司や他メンバーからの評価も高く、いずれ管理職に昇進するだろうとは思っていた。

しかし、入社2年目に休職のブランクがあったので、まさか自分が同期入社24人のトップで課長になるとは、しかも営業所勤務しかない自分が本社の営業支援課という重要ポストをいきなり任されるとは、微塵も思っていなかった。

共和製作所は、1952年創業の準大手・業務用厨房機器メーカーである。高機能・高品質で顧客の信頼は厚く、「品質の共和」という定評がある。

大口顧客である大手ファーストフード・チェーンが業容を拡大してきたのに伴い、2004年まで順調に売上高・利益を拡大してきた。

ところが、2005年以降、ファーストフードの国内市場縮小に伴い、売上高・利益の伸びが止まった。国内の同業他社だけでなく、新興国企業の低価格品も

流入するようになり、価格競争が激化している。

　共和製作所は、こうした経営環境の変化に直面し、新製品開発やコスト削減を中心に経営改革を進めている。ただ、今のところ大きな改善効果は見えておらず、厳しい状況が続いている。

　なお、共和製作所は、国内の売上高が全体の93％に達する。国内に4工場、海外に2工場（中国とタイ）がある。2000年代以降に立ち上げた海外工場は、品質が安定せず、国内工場のサポートに頼らず一本立ちするには、時間がかかりそうだ。

　一気に大瓶を1本空けた武田は、ふと今日昼間、人事部・島津部長から電話で言われた言葉を思い出した。

「これからは、マネジメントをしっかりやってくれよ」

　武田は、自分で製品を売ることには絶対の自信を持っているが、マネジメントなんて知らないし、経験したこともない。現在の名古屋営業所では、4名の営業チームのチームリーダーという立場にあるものの、"筆頭担当者"というだけで、管理的なことはすべて小笠原所長が担っている。

　営業支援課は、展示会などを実施する販売促進・代理店管理・与信管理という営業部門のサポートを担う部署で、総勢12名のメンバーがいる。他部門と連携して活動することが多く、自分で手足を動かせば良かった営業所とは、かなり勝手が違うようだ。

　楽天的な性格の武田は、再来月から始まる営業支援課での仕事に思いを馳せた。

「まあ、何事もチャレンジだ」

第1章
良い目標を立てる

マネジメントは、「勘」「経験」「行きあたりばったり」で進めてはいけません。マネジャーが職場で確実に大きな成果を実現するには、プロセスに沿って計画的に活動する必要があります。

マネジメントのプロセスの出発点は、組織の内外環境を分析し、適切な目標・計画を立てることです。第1章では、目標形成の進め方について検討します。

01 マネジメントとは

　4月1日、営業支援課に着任した武田は、関係部署への挨拶回りもそこそこに営業部長の小早川から呼び出しを受けた。
小早川「各課の年度重点目標について、前任の上杉課長から報告を受けたのだが、営業支援課の目標に伊達本部長が納得しなくてね。着任早々で申し訳ないのだが、来週月曜日までに報告してくれたまえ」
武田「まだしっかりと把握していませんが、上杉さんが報告した年度重点目標のどこがいけなかったんでしょうか？」
小早川「『目標の内容がまったくチャレンジングじゃない』って言っていたよ。あまり詳しく聴いていないけどね」
武田「そうですか……」
　早速、営業支援課に戻った武田は、係長の浅井・大内・朝倉・有馬を会議室に呼んで、小早川部長からの指示について伝えた。
武田「伊達本部長は、先日上杉さんが提出した課の年度重点目標について、『チャレンジングでない』と納得していないようです。急で申し訳ないですが、明後日・金曜日の朝までに挑戦的な目標を提出してもらえますか」
　武田課長は、金曜日朝に4係長から報告を受けた。内容がかなりチャレンジングになっていることを確認すると、「時間がない中、よくやってくれました」とねぎらい、早速、小早川部長に報告した。

問題　小早川部長から指示を受けた武田課長の対応にはどのような問題があるでしょうか。

第1章　良い目標を立てる

武田課長の行動はマネジメントのプロセスを踏んでいない。上からの指示をそのまま下に流しているだけで、伊達本部長や小早川部長に対する働きかけが行われていない。どのようにチャレンジングでないのかを明らかにする必要がある。

また、目標形成が部下任せになっており、部下と協力して作業を進める形になっていない。

職場のマネジメントというと、部下を管理する、とくに部下に命令・指示を出すことだと思いがちですが、それでは狭すぎます。本書では、**マネジメント**を「人を通して目標を達成するプロセス」と広く捉えることにします。

つまり、マネジメントには、まず達成したい目標があり、それを自分一人でなく他の人と協力して実現する、**PDCA**（Plan計画→Do実行→Check評価→Act修正）といったプロセスを踏む、という３つの要素があるということです。

武田課長の行動は、部下に指示を出しているだけで、マネジメント活動の体をなしていません。また、マネジメントにおける"人"を部下だけに限定しているようですが、この状況では、伊達本部長や小早川部長にも働きかける必要があります。

まず伊達本部長の意図をしっかり確認し、少し報告期限を延ばしてもらうようにします。その上で、４名の係長以下と協力して職場環境の分析、ビジョンの設定、問題点の整理といったプロセスを踏むようにすると良いでしょう。

02 目標設定のプロセス

　武田課長は、営業支援課の年度重点目標を小早川部長に再提出し、資料を説明した。小早川部長に了承をもらうと、早速、小早川と2人で伊達本部長に報告・説明しに行った。

　武田は、前任の上杉課長が以前に提出した年度重点目標との違いを明らかにして、目標の内容と目標達成が営業部全体の活動をレベルアップさせるものであることを丁寧に説明した。

　武田の説明を聞き終わった伊達本部長は、報告資料を見て「うーん」と唸った。

伊達「ちょっと私の意図が正確に伝わっていなかったようだね」
武田「え、と言いますと？」
伊達「たしかに小早川さんには『挑戦的な目標にするように』って言ったけど、いきなり目標をバーンと上げると言われてもねぇ」

　伊達本部長によると、武田課長が提出した年度重点目標はたしかに挑戦的な内容・数字だが、武田の説明は、どういう理由で目標が出てきたのかわからない、ということだった。

問題 伊達本部長の指摘を受けて、武田課長はどのような手順で目標を設定するべきでしょうか。

第1章　良い目標を立てる

以下のプロセスで目標を設定する。
① 職場の環境分析
② 会社の戦略と職場のミッション・ビジョンの確認
③ 問題点の整理
④ 職場目標の設定
⑤ 個人目標の設定

　適切な目標を設定して計画的に活動することによって、大きな成果を実現することができます。適切な目標を設定するためには、思い付きでなく、プロセスを踏んで検討すると良いでしょう。
　職場で目標を設定する標準的なプロセスは解答の通りです。大切なのは、まず職場の環境を分析し（①）、会社の戦略と職場のミッション・ビジョンを確認する（②）ことです。目に付いた問題を取り上げて、それを解決するための目標を設定するマネジャーが多いようですが、会社にとって、職場にとって重要な問題を捉えているとは限りません。①と②に基づき、問題点を整理します（③）。
　また、職場単位の目標を設定して終わりでなく（④）、職場のメンバー個人の目標に落とし込むようにします（⑤）。

03 職場の環境分析

　伊達本部長から、少し時間がかかっても良いので、職場が置かれた環境をしっかり分析し、ミッションやビジョンを確認した上で、目標を形成するよう指示があった。

　職場に戻った武田課長は、早速、環境分析から始めることにした。部下任せだったことを反省し、今回は4人の係長とじっくり膝詰めで話し合うことにした。

　まず、職場の内外の状況をSWOTで、以下のように整理した。

強み（Strength）	弱み（Weakness）
・メンバーのスキルが高い	・メンバーの営業経験が少ない
・メンバーのやる気がある	・研修システムがない
・社内の情報が集まる	・残業が多い
機会（Opportunity）	脅威（Threat）
・営業所からの期待の高まり	・コスト削減要求
・経営陣からの期待の高まり	・営業所からの要求高度化
・新製品の登場	・営業担当者の入れ替わり

メンバーが整理したSWOTはかなり不十分だと思われます。どのような点が不十分なのかを指摘してください。

解答

- 「やる気がある」など強み（Strength）、「研修システムがない」など弱み（Weakness）がどう職場にプラス／マイナスに働くのかわかりにくい。
- 機会（Opportunity）と脅威（Threat）は営業支援課の周辺の社内にとどまり、広がりがない。共和製作所の顧客や厨房機器市場の動向、さらには社会・経済のことまで分析の範囲を広げると良い。
- すべての項目が同列で列挙されており、重要性の違いがわからない。今後の事業展開において、とくに重視する項目をハイライトすると良い。

解説

　いきなり職場の目標を設定するのではなく、まず職場が置かれた内外の環境を分析します。

　環境分析にはさまざまな技法・フレームワークがありますが、最も代表的なのがSWOT分析です。武田課長がSWOT分析から始めたのは良いことです。

　多くの職場で、中期経営計画や年度目標を策定・設定するとき、**SWOT分析**をしています。ただ、すでにわかっていることを整理する義務的な作業になりがちです。

　SWOT分析から将来の組織の改革に繋がる発見を得るには、既成概念にとらわれずゼロベースで分析することが大切です。そのためには、過去・現在に起こっていることだけでなく、将来の変化まで分析します。

　また、社内・業界だけにとどまらず、広く社会の動きまで目を向けるようにすると良いでしょう。大きなビジネスチャンスは、**3C**（Company自社、Customer顧客、Competitor競合）よりも、**PEST**（Politics政治・法規制、Economy経済、Society社会・人口動態、Technology技術）のような社会の変化によって生まれます。

04 職場のミッション・ビジョン

　続いて武田課長は、営業支援課のミッション・ビジョンを策定することにした。それまで営業支援課では、共和製作所の中でどういうミッション（使命・役割）を果たすのかという議論はなかった。また、年度の重点目標はあるが、長期的にどういうビジョン（到達点）を目指すのかということもほとんど意識されていなかった。

　フリートーキングでは、次のような議論になった。

大内「会社は厳しい状況ですし、われわれはコストセンター（費用だけ発生し、収益を生まない部署）ですから、低コストの運営が最も大切ではないでしょうか」

有馬「では、究極的に営業支援課が存在しないのが理想ということ？」

大内「ええ、究極的には。たとえば与信管理とか、やらずに済むのが理想ですよね。販促キャンペーンも、やらずに売れるにこしたことはありません」

有馬「まあ、それもそうだね」

浅井「大谷社長は先日の社員懇談会でメンタルヘルス問題を気にしていましたね」

朝倉「ええ、いつも損益を気にしている社長からああいう話が出て、ちょっと意外でした。女性社員の登用も含めて、働きやすい職場づくりは大切だと思います」

 職場のミッション・ビジョンを検討する話し合いとしては、4係長の発言は問題があると思われます。どのような点が問題でしょうか。

第1章　良い目標を立てる

解答
・営業支援課が利害関係者にとってどういう存在になりたいのかをあまり意識していない。上層部の意向はある程度勘案しているが、直接の"顧客"である営業担当者の意向を意識していない。
・コスト削減に決め打ちするのではなく、積極的に営業活動の高度化に貢献するという方向性を検討するべきである。
・「働きやすい職場」は大切だが、ミッション・ビジョンを実現するための手段が重要であり、ミッション・ビジョンそのものではない。

解説
環境分析からいきなり目標を設定するのではなく、**ミッション**や**ビジョン**を設定します。ミッション・ビジョンに基づき、職場の問題点を整理した上で、具体的な目標を設定するべきです。
武田課長と係長がまずミッション・ビジョンについて話し合ったのは良い試みです。ただ、解答の通り、話し合いはかなり偏った議論になっています。「上層部」は重要な顧客であり、「コスト削減」は悪い取り組みではありませんが、「営業担当者」や「営業活動の高度化への貢献」といった幅広い側面を検討すると良いでしょう。なお、一般的に良いビジョンの条件は次の4つです。

①**存在を明示していること**
　組織が利害関係者にとってどのような存在になりたいかを明示します。
②**夢・飛躍があること**
　現状から大きな飛躍が感じられる挑戦的なビジョンが組織を活性化します。
③**現実的であること**
　②とは逆に、適度に現実的で精一杯努力すれば達成可能である必要があります。
④**社会性・全体最適を意識していること**
　ビジョンが社会や全社の発展に貢献するものだと、関係者の達成意欲が高まります。
　マネジャーがビジョンを検討する際は、これらを意識するようにします。

05 職場の問題整理

　武田課長と4人の係長は話し合って、「営業活動の革新に貢献する社内コンサルタント」というミッション、「営業プロセスの革新を通してChallenge2020の売上目標達成に貢献する」というビジョンを設定した（Challenge2020は、共和製作所の中期経営計画）。販促・与信管理・顧客管理（CRM）などの専門知識を生かして営業所に積極的にアドバイスし、営業活動の高度化に貢献しようという内容である。

　続いて、年度重点目標を設定する前に、職場の具体的な問題を確認・整理することにした。5人でブレーンストーミングをしたところ、次のような問題が指摘された。

「業務が非効率で、残業が多い」
「若手に遅刻者が多く、モラルに問題がある」
「うっかりミスが多く、営業所に迷惑を掛けている」
「教育が不十分で、スキルの低下が懸念される」
「職場に活気が乏しい」

問題 武田課長らの問題認識には不適切な点があると思われます。事実認識は正しいとして、どのような点が不適切でしょうか。

第1章　良い目標を立てる

解答　各自が思いついた日常の身近な問題を指摘しているだけで、現状と目指すミッション・ビジョンのギャップから問題を導き出すことができていない。

「営業プロセスの革新に貢献する」というミッション・ビジョンに照らして問題点を把握するべきである（たとえば、「与信管理の情報が共有されていない」「販促の効果を十分に把握・検証できていない」「営業所との関係づくりができていない」など）。

解説　ミッション・ビジョンは数年単位の長期的な構想なので、そこからいきなり年度の目標を設定するのではなく、職場の問題点を整理すると良いでしょう。武田課長らが職場の問題点を整理したのは良い取り組みですが、議論の進め方（及び出てきた問題点）が良くありません。

問題を考えるとき、営業支援課のように**ブレーンストーミング**（brainstorming）をよく行います。ブレーンストーミングとは、あるテーマについて複数のメンバーで制約を設けず自由に意見を出し合う発想技法です。問題発見だけでなく、解決策のアイデア出しをするときにもよく用います。

ただ、ブレーンストーミングでは、営業支援課のように、身近なところに議論が集中し、大局的に問題を捉えることができなかったりします。ブレーンストーミングとともに、あるべき姿（ミッション・ビジョン）に到達するには何が足りないか、という形で理詰めに問題を考える作業もほしいところです。

まずブレーンストーミングで発散的に問題点を出し、続いてあるべき姿と照らしてロジカルに問題を整理する、という2段階で実施するのが理想です。

06 職場の目標の設定

　職場のミッション・ビジョンと問題点に基づき、各チームの係長が年度重点目標を設定した。係長から目標の説明を聞いた中で武田課長が気になったのは、与信管理チームの目標の1つ「貸し倒れの発生件数ゼロ」である。

　共和製作所では、代理店を通して、あるいは営業担当者が直接、飲食店・総菜メーカー・学校・病院といった需要家に厨房機器を販売している。飲食業界はもともと競争が厳しい上、景気低迷や少子高齢化などの影響で倒産・廃業する業者が多い。共和製作所でも、毎年数十件に及ぶ顧客が倒産・廃業し、貸倒損失が発生している。

　共和製作所では、顧客からの代金回収は営業担当者の責任である。取引開始の際、営業担当者は営業支援課に申請を提出し、与信限度額（掛売をする限度金額）を設定する。そして、毎年、与信限度額を見直す。

　営業支援課・与信管理チームは、営業から取引開始の申請を受けたら、顧客の経営状態などを確認し、営業部長の決裁を得る。また、毎年、信用管理委員会を開催し、与信限度額が適正かどうかを審査する。

問題　与信管理チーム「貸し倒れの発生件数ゼロ」という目標は、チームの目標として不適切だと思われます。
問題点と改善の方向性を示してください。

第1章　良い目標を立てる

解答
・貸し倒れに責任を持つのは営業担当者で、営業支援課が直接的に貸し倒れ件数の減少に貢献できるわけではなく、直接的でない。→貸し倒れを減らすために営業支援課として貢献できる事がらについて目標を設定する（たとえば、与信情報伝達・共有の迅速化）。
・年数十件以上の貸し倒れが発生している状況で、目標が高すぎる。→過去の発生件数のデータを勘案して、現実的な数字に変更する。

解説
目標設定では、**SMART**が大切です。
・Specific＝内容・表現が具体的か？
・Measurable＝定量的に測定可能か？
・Achievable＝適度に現実的で、達成可能か？
・Result-oriented＝成果が明確になっているか？
・Time-bound＝達成期限がついているか？

このうち、本ケースで問題になるのは、SpecificとAchievableです。

＜Specific＞
目標は具体的かつ直接的であるべきです。貸し倒れを減らすのは究極的な目標としては結構ですが、営業支援課が直接的に減らすことはできないので、短期的な業務目標としては不適切です。

＜Achievable＞
目標設定でマネジャーは、到底達成できそうにない大きな目標を設定するという過ちを犯しがちです。「ニンジンが大きければ大きいほど、部下のやる気が増すだろう」という発想です。しかし、非現実的な目標は、「どうせ達成できないだろう」と受け止められ、逆にモチベーションを下げてしまいます。適度に挑戦的で適度に実現可能なことが、良い目標の条件です。

07 目標の共有

　各チームの係長から年度重点目標が上がってきた。武田課長は、それらを確認・整理し、伊達本部長・小早川部長に報告・説明した。今回、大きな指摘事項はなく、そのまま承認された。伊達本部長からは、「短期間でしっかり検討しましたね。お疲れ様でした」というねぎらいの言葉があった。

　翌週月曜日の課内会議で、年度重点目標をメンバーに説明・共有した。

　まず、武田課長から今回の営業支援課のミッション・ビジョンの内容を説明した。武田課長は、「営業プロセスの改革への貢献」に向けた挑戦的な目標であることを強調した。

　続いて、各チームの係長からチームごとの年度重点目標を説明した。

　質疑応答の時間が設けられ、数値目標の確認など技術的な質問が2つあった。

　最後に武田課長が、「では皆さん、以上の年度重点目標を元に良い個人目標を作って、目標達成に向けて頑張ってください」と議事を締めくくった。

　共和製作所では、まず課の目標を策定した後、個人の業務目標に落とし込む。半年後と1年後にチームと個人の目標の進捗・達成状況を評価する。

目標そのものは問題ないものとして、メンバーとの目標の共有には改善の余地があるように思われます。どのような問題があり、どう改善するべきでしょうか。

第1章　良い目標を立てる

① 会社全体の中での職場目標の狙いがはっきりしない。→目標がどういう考え方で生まれたのか、全社・営業部門の戦略とどう関係するのか、など背景・経緯・全体像を説明する。
② 職場目標がメンバーの業務にどう関係するのかわからない。→職場目標を個人目標にどう落とし込んでいけば良いのかを、例示も交えて説明する。

　目標達成に向けて実際に取り組み、成果を実現するのはメンバーです。メンバーに達成に向けて意欲的に活動してもらうには、マネジャーはSMARTを満たす適切な目標を形成するだけでなく、メンバーとの間でしっかり目標を共有する必要があります。

　目標の共有で大切なのは、メンバーに目標を"わがこと"と思ってもらうことです。職場の目標は、部門、さらには会社全体の経営目標を達成するために形成されますから、どうしても大局的・抽象的なものになりがちなので、メンバーは"わがこと意識"として、つまり、自分たちの目標という意識を持ち、自分たちの業務に当てはめて考えることがなかなかできません。

　まず、全社・部門の戦略と課の目標の関係を明らかにする必要があります。武田課長が背景・狙い・目的などを割愛して、いきなり目標の内容を説明したのは、メンバーの目的の理解を妨げており、好ましくありません（①）。

　また、職場目標の説明だけで、今後の展開が不明です。メンバーが個人目標を形成するにあたり、職場目標をどう個人に展開するかを示してあげるべきです（②）。

08 個人目標への落とし込み

営業支援課のメンバーは、課・各チームの目標を元に、個人目標を形成し、向こう1年間の活動計画を具体化して武田課長に提出した。

メンバーから提出された個人目標・活動計画の中で気になったのは、竹中主任のものである。竹中主任は入社8年目で、代理店管理チームに所属している。代理店管理チームは、代理店との契約関係や基本情報を管理するとともに、年2回代理店の幹部を招いて代理店大会を開催している。

竹中主任の4つの目標の中で、気になったのは次の目標である。

「代理店との関係の強化。そのために、代理店の実態と最近の動向をしっかり把握して活動する」

なお、共和製作所では、管理職は個人面談を行ってメンバーの目標・活動計画を確認・承認するルールである。

個人面談で武田課長は、竹中主任の目標・計画にどうアドバイスをしたら良いでしょうか。

第1章　良い目標を立てる

- 「関係」「活動」の内容や「強化」の程度がわからず、具体性が乏しい。何を目的にどう行動をとるのかをもっと具体化するように。
- 関係者とどう協力して進めるか、その中で竹中主任がどういう役割を果たすのかを明示するように。
- スケジュール、マイルストーン、期限を明示するように。

解説

　従業員が自身の業務目標を立てて、それを自己管理することを**目標管理**：MBO（Management By Objectives）と言い、日本では大手企業の7割以上が目標管理を導入しているようです。

　上から目標を押し付けられるのと違って、目標管理によって従業員は主体的・意欲的に業務に取り組むようになると期待されます。ただ、それは適切な目標を設定することができた場合の話です。マネジャーは、メンバーが適切な目標を設定できるよう、面談などを通してフォローする必要があります。

　竹中主任の目標・計画は、営業支援課の方針に沿っているという点では良いのですが、内容・協力関係・スケジュールなど具体性に欠けます。5W1Hを具体化すると良いでしょう。

〈5W1H〉
Who（誰が）
What（何を）
When（いつ）
Where（どこで）
Why（なぜ）
How（どのように）

第1章のおわりに

　本章では、マネジメントを「人を通して目標を達成するプロセス」と定義し、マネジメントにおけるプロセスの重要性やPDCAプロセス初期段階のPlan（計画）について検討しました。

　マネジャーは、期限内に成果を実現することが求められます。そのため一刻も早く成果を出そうと焦って、PDCAのプロセスを踏まずに、とにかく実行に進んでしまいがちです。

　それでうまくいけば良いのですが、目まぐるしく環境が変化する今日、なかなか思ったような成果が出ません。結果が出た後で、「もっと慎重に検討してから着手すれば良かった」と悔いることになります。

　マネジメントのプロセスの中でも、行動する前に明確な目標を決めることがとりわけ大切です。鉄鋼王アンドリュー・カーネギーの依頼でアメリカの成功者・大富豪について研究したナポレオン・ヒルは、『思考は現実化する』の中で、成功のための第一の条件として「目標を立て、綿密な行動計画を作り、揺るぎない信念を持って忍耐強く取り組むことである」と主張しています。

　皆さんも、マネジメントのプロセスを踏んでいるか、環境分析に基づき適切な目標・計画を設定しているか、ぜひ振り返ってみてください。

第2章

業務を進め、改善する

マネジャーは職場の目標・計画を立てたら、メンバー間で役割分担して、実現に向けて協力して業務を進めます。また、例外的な事態に適切に対処し、環境変化に合わせて業務を見直します。

この章では、PDCAの後半のDCAとして、業務のQCD（Quality品質、Costコスト、Delivery納期）を高める方法や職場の問題を解決する方法を検討します。

09 業務分担

　営業支援課では、販促キャンペーンのような繁忙期だけでなく、恒常的に残業が発生している。とくに販売促進チームは、1人平均月20時間以上の残業が発生し、人事部からたびたび警告を受けている。販促キャンペーンの時期には月60時間に及ぶことも珍しくない。

　とくに問題になっているのが、黒田主任である。黒田は入社9年目のホープで、企画能力・調整能力が高く、事務処理もスピーディかつ正確である。「黒田に任せておけば安心」ということで、本来業務の販促キャンペーン企画だけでなく、業者との折衝や予算集計業務といった付加的な業務まで携わっている。

　一方、同じ販売促進チームでも、有馬係長はこれといった担当を持っておらず、手持ち無沙汰にしている。派遣社員の木下社員も、キャンペーンの時期以外はそれほど忙しくはない。

　武田課長は、チーム・リーダーの大内係長に残業を減らすよう指示している。しかし、大内は「キャンペーンの時期はどうしても残業が発生します。仕事の質を落とすわけにもいきませんし……」と言う。

問題 この状況について、武田課長はどのように対応するべきでしょうか。

第2章　業務を進め、改善する

① まず全メンバーを対象に業務内容を記録させ、無駄がないか分析する。
② 続いて、全メンバーの保有スキルを調査し、リスト化する。
③ そして、各メンバーの比較優位に基づいて役割分担する。
④ 販促キャンペーンについて、前倒しでできる作業は閑散期に対応する。
⑤ 他のチームから応援可能な業務を洗い出し、販促キャンペーンの時期にはチーム横断で業務対応する。

　よく「人事の要諦は適材適所」と言われます。適材適所とは、人はそれぞれ得意不得意があるので、特徴に合わせて業務分担をしようという考え方です。

　ただ、ここで、絶対的な能力の違い（経済学で絶対優位と言います）を基準にすると、黒田主任のような何をやらせても優秀な社員に業務が集中し、一方で暇な社員が現れます。

　こうしたアンバランスを避けるには、各メンバーと比較した相対的な能力差（**比較優位**）を基準に業務分担をする必要があります。経済学では比較生産費説と言い、「アインシュタインが秘書よりタイプを打つのがうまくても、彼はタイプ打ちをしてはいけない」と例えられます。

　比較優位に基づいて業務分担をするには、解答のように業務分析とメンバーの能力の分析が必要です。

10 業務の品質を高める

　共和製作所では、毎年2月と8月に展示会を開催し、同時にキャンペーンを実施している。キャンペーンの内容は年によって異なるが、ロスリーダー（顧客獲得のため赤字で販売する目玉商品）、リベートの拡大、セット購入割引、顧客紹介への謝礼などである。

　営業所に勤務していた武田課長の感触では、キャンペーンの効果や営業担当者・顧客の評価は低いようである。支店・営業所の現場から販売促進チームには、「内容がマンネリ化している」「顧客目線になっていない」「予算をケチり過ぎ」といった不満の声が非公式に寄せられている。

　来年2月のキャンペーンを企画するにあたり、10月のある日、武田課長は販売促進チームの大内係長に方針を尋ねた。大内係長はやや怪訝そうな表情で答えた。

大内「販売促進チームは2年前と比べて2名減員になり、予算も15％減らされています。これまでのキャンペーンを維持するのが精一杯で、新しいことを企画する余裕はありません」

武田課長は、大内係長にどのような指示を出すべきでしょうか。

第2章 業務を進め、改善する

解答
① 8月に実施したキャンペーンについて、顧客と営業担当者にアンケートを実施する。
② 営業所の今年度・次年度の営業方針を確認する。
③ 営業担当者からキャンペーンの要望を募る。
④ 上記①〜③を元にキャンペーンを企画し、重要性・緊急性・制約条件などの優先順位を付ける。

解説
　業務運営では、QCDを維持・向上させることが大切です。**QCD**（Quality品質、Costコスト、Delivery納期）は顧客満足の源泉であり、経済学では"需要の3要素"と言います。「徹底的に品質を高めると、コストアップになり、納期も遅れる」という具合に、3要素はトレードオフの関係にあり、ハイレベルでバランスさせるのは難しいことです。

　業務の品質を上げるには、従業員の能力・スキルを上げる、不良品の検査を徹底する、などさまざまなアプローチがありますが、この問題で強調したいのは、業務プロセスを確立し、改善することです。

　販売促進チームの業務運営は、過去に実施したキャンペーンを惰性で繰り返しているだけで、PDCAを回して品質を維持・向上させる仕組みになっていません。とくに、顧客や営業担当者の意見を組織的に収集していないのが大きな問題です。

　大内係長は予算と人員に余裕がないと弁明していますが、逆に余裕がないからこそ、無駄な業務に予算・人員を浪費しないよう、プロセスを踏んで検討し、明確に業務の優先順位を付ける必要があるのです。

11 業務品質を安定させる

　武田課長は、与信管理チームの業務運営に疑問を持っている。武田課長は営業所勤務時代に何度か与信管理チームのアドバイスを受ける機会があったが、身近で与信管理チームを見ていると、「もっとうまく業務を進められないものか」と感じる。

　与信管理チームでは、同じようなミスが繰り返し起こっている。大半はデータの入力間違いや書類の送付先間違いといった軽微なミスで、深刻な問題に発展することはないのだが、ミスが減る気配はない。

　与信トラブルが発生したときの初動が遅く、対応が後手に回ることが多い。与信トラブルでは対応に一刻を争うのに、「さて何から始めようか」と考える時間が長い。

　4人のメンバーそれぞれに得意・不得意があり、得意分野だと良い仕事をするが、不得意分野だと仕事の質が極端に低下する。たとえば、福島主任は財務諸表分析が得意だが、担保など法律知識が弱い。丹羽主任は事業再生や銀行取引は得意だが、財務諸表分析は苦手だ。

　その感想を浅井係長に伝えると、浅井は怪訝そうな表情で反論した。

浅井「与信管理チームの業務は、相手先の経営状況などが異なるので、個別性が強いのが特徴です。とくに、与信トラブルはどれ1つとして同じものはなく、業務では色々と不都合が起きます。傍から見ているほど業務を効率化するのは容易ではありません」

問題 武田課長は、浅井係長にどのようなアドバイスをするべきでしょうか。

第2章　業務を進め、改善する

解答

① 業務を分析し、単純化させる。その上で、標準化・マニュアル化させる。与信トラブルへの対応については、トラブルをケース分けして対応を準備させる。
② 人材育成に取り組んでもらう。とくに計画的にOJTを実施し、担当者間のスキルのバラツキを解消させる。

解説

　日本企業は業務のQCD、とくにQ（品質）を"高める"ことに熱心ですが、品質を"安定させる"ことには意外と無頓着です。
　業務品質が安定しないと、コストアップに繋がったり、関係部署や顧客などに迷惑が掛かったりします。
　品質を安定させるには、業務プロセスを安定させることをまず考えます。業務を単純化し、標準化・マニュアル化し、誰が担当してもある程度のことをこなせる状態にします（①）。
　浅井係長が言うように、業務によっては標準化・マニュアル化が難しい場合もあるでしょう。ただ、その場合も、ケース分けして、「こういうケースではこういう対応をする」と準備しておくことは必要です。
　また、組織として業務品質を安定させる上で、スキルのバラツキをなくすことも重要です。業務のスキルを上げるには、"人材育成の三本柱（P71参照）"の中でもOJTが有効です（②）。

12 業務運営コストを下げる

　このたび、大谷社長直轄の経営改革プロジェクトチームから全職場に「業務運営を見直し、マイナス20％を目標にコスト削減に取り組んでください」という依頼文書が発信された。
　依頼を受けた武田課長は、早速、各チームの係長と相談して業務の見直しに着手しようとした。ところが、代理店管理チームの朝倉係長から、コスト削減に対して否定的な反応があった。
朝倉「代理店管理チームでは、これまでコスト削減に取り組んできました。人件費削減のために昨年、派遣社員を導入しました。代理店大会の案内を郵送から電子メールに切り替えたり、大会の会場を安い場所に切り替えたり、と色々取り組んでいます。ここからさらに20％下げろ、というのは納得できません。課全体で辻褄を合わせるには、これまでコスト削減に取り組んでいない販売促進チームが40％下げれば良いのではないでしょうか」

武田課長は、コスト削減に否定的な朝倉係長に
どうアドバイスするべきでしょうか。

第2章　業務を進め、改善する

　　　過去の取り組みに関係なく、業務の無駄があれば見直すべきである。過去に取り組んできたからもう取り組まないという姿勢は改めるように。

　派遣社員の導入、電子メールの活用、大会会場の切り替えは、いずれも単価の切り下げに関することで、業務そのものに無駄がないのか、改めて点検してほしい。まず、コア業務とノンコア業務を分類し、ノンコア業務を廃止・アウトソーシングすることを検討するように。

　　　事業環境が厳しくなるにつれて、効率的に低コストで業務運営をすることが求められるようになっています。とくに営業支援課のようなコストセンターでは、コスト削減が重要課題になっています。

　コスト削減というと、鉛筆・消しゴムを最後まで使いましょう、昼休みには消灯しましょう、といった施策をまず思い浮かべます。あるいは、代理店管理チームが取り組んだように、購入品の質を落として単価を下げましょう、という話に向かいがちです。

　しかし、たいていの職場での最大のコストはメンバーの人件費ですから、無駄な業務をなくし、業務を効率化し、必要な業務を最少の工数で実施することが大切です。朝倉係長の説明は、「単価を下げたからコスト削減は実施済み」ということを意味し、大いに問題があります。

　まず武田課長は、朝倉係長に業務分析をさせ、コア業務とノンコア業務に分けさせます。コア業務に集中し、ノンコア業務については、取りやめるか、アウトソーシングすることを検討させます。

13 業務のスピードを上げる

　与信管理チームでは、今年の年度重点目標の1つに「緊急時対応のスピードアップ」を掲げている。

　共和製作所では毎年数十件の貸し倒れがあり、その度に与信管理チームは、貸倒損失が発生しないよう対応している。企業は2回目の不渡り手形を出すと倒産になるのだが、1回目の不渡りを出した時点で債権者が回収のために殺到するので、いかに危険情報を素早くキャッチし、迅速に対応するかが課題である。

　これまでも与信管理チームでは、緊急時の迅速な対応を心掛けてきた。しかし、債権保全など対応策を営業所に指示・アドバイスをするタイミングが遅れて、貸し倒れの被害を受けることがたびたびあった。

　今年度、与信管理チームでは、①営業担当者が掴んだ危険情報を、営業所長経由でなく、営業担当者から直接与信管理チームに報告させるようにする、②代理店の財務情報の分析をITシステムで自動化する、という対策をとった。

　こうして半年経ったのだが、今のところ大きな成果は出ていない。貸し倒れの件数は減っておらず、営業所からはたびたび「与信管理チームは対応が遅い」という指摘を受けている。

上記①②は実施できているとして、業務のスピードアップが実現していないことにはどのような原因が考えられるでしょうか。

第2章　業務を進め、改善する

解答
・営業担当者から上がってくる情報が正確でなく、真偽を確認する作業に時間を要している。
・意思決定・判断に時間がかかっている。
（実際にどの要因でスピードダウンしているかは、業務分析をして調べる）

解説
　日本企業は伝統的に、QCDのうちQ（Quality品質）を重視してきました。しかし、近年、品質で他社と差をつけるのが難しくなり、競争優位を決める戦略要因としてD（Delivery納期）を重視する傾向があります。職場レベルでも、本ケースのような緊急時対応だけでなく、業務全般のスピードを上げることがマネジャーに要求されるようになっています。

　業務スピードアップというと、PCへのデータ入力のような物理的作業をいかに手早く済ませるか、あるいは自動化するか、ということに注目しがちです（本ケースでは②）。しかし、実際には、情報を確認する作業や意思決定・判断に時間がかかっている場合が多いようです。とくにスタッフ部門では、「業務スピード≒意思決定スピード」と言って差し支えありません。

　武田課長は、浅井係長にまずチームの業務分析をさせて、原因を特定させます。意思決定のスピードを上げるには、担当者のスキルを上げ、担当者レベルで可能な限り意思決定をさせるのが有効です。

14 トラブル対応

　7月のある日、神戸営業所の織田所長から、代理店のＮ社が1回目の不渡り手形を出したという知らせが入った。
　Ｎ社は共和製作所と40年以上の取引があり、優良顧客とされていた。しかし、2年前に始めた新規事業がうまくいかず、急速に資金繰りが悪化して、今回の事故に発展したようである。
　共和製作所は、現在、Ｎ社に約4百万円の債権がある。担保を取得していないので、このまま2回目の不渡りになれば、全額貸し倒れ損失になる可能性が高い。
　神戸営業所の営業担当は、徳川係長である。入社18年目と経験豊富で、与信管理の知識もあるようだが、Ｎ社の担当になったのは今年の初めからで、半年しか経っていない。前任からの引き継ぎが不十分で、新規事業のことを含めＮ社の経営状態を把握しきれていないとのことである。
　なお、営業支援課では浅井係長が神戸営業所の与信管理を担当している。

この状況に武田課長はどう対処するべきでしょうか。

第2章 業務を進め、改善する

① 神戸営業所に、当社とN社との取引状況やN社の経営状態（事業・資金繰り）を確認するよう指示。
② 神戸営業所に、N社への新規出荷を停止し、担保取得など債権保全策を講じるよう指示。
③ 神戸営業所に、引き継ぎや取引先の監視が適正に行われていたかどうか確認し、必要な措置をとるよう指示。
④ 浅井係長に、引き継ぎや取引先の監視のあり方を再検討するよう指示。
⑤ 他営業所に、引き継ぎや取引先の監視が適正に行われているかどうかを確認するよう指示。

　業務運営では、例外的な事態が発生します。トラブル対応など例外処理は、マネジャーにとって重要な仕事です。
　トラブル対応においてマネジャーは、迅速に事態を復旧することに集中しがちです。本件で言うと①と②です。
　ただ、トラブルというのは結果であって、その背景には、色々な業務の問題があるはずです。マネジャーは事態の復旧だけでなく、背景的な問題まで対処する必要があります。神戸営業所は、引き継ぎや取引先の監視が不適切でしょうから、改善を求めます（③）。
　また、神戸営業所だけでなく、全国の営業所に類似の問題があることでしょう。本社でルール・規程が適切かどうか確認し、全国の営業所に改善を求めます（④と⑤）。
　こうしたトラブルは、マネジャーにとって嫌なことですが、①②の復旧だけでなく、③④⑤のような対応をすると、トラブル発生前と比べて組織はレベルアップします。

37

15 問題解決①

　先月、与信管理チームが運営する与信管理情報システムがダウンし、12日間に亘って使用不能になるというトラブルがあった。与信管理情報システムは6年前に導入した社内イントラネット上のシステムで、営業担当者向けに代理店の基本情報、当社との取引履歴、債権残高など与信管理に役立つ情報を掲載している。

　システムダウン発生直後、浅井係長ら与信管理チームのメンバーは迅速に対応した。早速、システム業者に連絡して原因究明に努めた。プログラムの不具合が原因だと判明したので、大至急で業者に修復作業を進めてもらった。

　システム業者の開発担当者がすでに退職していたため、修復には12日かかった。ただ、その間、営業所などから目立った苦情や問い合わせはなく、大きな騒動には発展しなかった。

問題 今回、トラブルへの対応には問題があると思われます。武田課長は、浅井係長らにどのような指示をするべきだったでしょうか。

① システムのバックアップやセキュリティなど日ごろからの管理に問題がなかったのか、業者との関係を含めて確認させる。
② システムが営業所で有効に活用されているのか確認させ、必要に応じて内容を見直しさせる。

　　問題解決は、一般に「問題認識」→「原因分析」→「解決策立案」→「実行」というプロセスで進みます。代理店管理チームの問題解決はこのプロセスに則っており、営業所に迷惑を掛けるような事態に発展しなかったので、一見、適切な問題解決のように思えます。

　ただ、トラブルの火消しとしては良いのですが、マネジャーは、火消しで満足してはいけません。「これが問題だ！」と認識した問題しか解決できませんから、他に問題がないのか探ることが大切です。

　本ケースでとくに注目したいのが②です。12日間システムダウンが続いて営業所から苦情や問い合わせがなかったということは、営業所でシステムがあまり活用されていない可能性を示唆しています。

　問題に直面したマネジャーは、対策を急ぎますが、一歩立ち止まって「問題認識」が十分かどうか、確認する必要があるのです。

16 問題解決②

　代理店管理チームは、代理店の経営者・幹部を招いて開催する昨年8月の代理店大会で、外部講師による講演を企画・実施した。著名な経営学者を招いて、「マーケティングの新しい理論」というテーマで40分間講演してもらった。

　しかし、参加者に実施した事後アンケートでこの講演の評価は低かった。「5・たいへん良かった」「4・良かった」「3・普通」「2・悪かった」「たいへん悪かった」という5段階評価で、例年、平均「4.2」以上あるのに、今回は「2.9」にとどまった。

　同時に、アンケートの自由記入欄には、「学者でなく、コンサルタントや経営者などの話を聴きたい」という意見が多かった。

　そこで代理店管理チームは、今年2月に開催された代理店大会では、マーケティングを専門とするコンサルタントを招いて講演をしてもらった。

　今回のアンケートの評価は「3.1」に上がったが、期待したほどの改善ではなかった。

問題 　8月の講演を終えた後の代理店管理チームの対応は不適切だったと思われます。どのような点が不適切で、武田課長はチームにどうアドバイスをするべきだったでしょうか。

解答 　8月の講演で評価が低かった原因を十分に分析しないまま、翌年2月の対策を検討・実施している点が不適切である。
　評価が低かった原因としては、講師以外にも、テーマ、内容、時間、進め方などの要因が考えられる。
　武田課長は代理店管理チームに対し、対策に進む前に、参加者の生の声を聴くなどして、しっかり原因分析をするようアドバイスをする。

解説 　本ケースは、しっかり原因分析をせずに問題解決を進めてしまった状況です。
　問題には、必ず原因があります。問題解決を急ぐためすぐに解決策の立案に向かいがちですが、その前に原因をしっかり分析する必要があります。
　原因分析をする上で大切なことは、後になって「あっ、もっと別の原因があったな」と気づいて後悔することがないよう、主だった原因を漏れなく抽出し検討することです。
　ある集合の要素に漏れとダブりがない状態のことをMECE（Mutually Exclusive, Collectively Exhaustive、ミッシー）と言います。原因分析では、MECEを意識すると良いでしょう。

17 問題解決③

　営業支援課では、次回の代理店大会を2月25日午後2時に開催する予定で準備を進めてきた。代理店大会は、大谷社長が冒頭に開会挨拶し、販売方針の説明、外部講師による講演、立食パーティーという進行予定である。

　1月上旬のある日、社長秘書から大谷社長が代理店大会に出席するのが難しくなったという連絡があった。大谷社長はその前週から出張で海外に出ており、当初は24日に帰国する予定だった。ところが、出張スケジュールが変更になり、25日の午前中の帰国になったと言う。

　武田課長が秘書経由で大谷社長の意向を確認したところ、「では、代理店大会を翌週に延期してください」という回答だった。

　回答を受けた武田課長は、大至急で社長のスケジュールを押さえ、会場や外部講師の手配をし直し、電子メールと郵送で出席者に新しい開催案内を発送した。

　こうして武田課長は、何とか代理店大会を開催することができた。ただし、出席者が当初の予定よりも2割減ってしまったこと、例年より参加者の満足度も低かったこと、会場変更などで予算をオーバーしてしまったこと、などいくつか課題を残した。

問題　大谷社長の出張スケジュールの変更を知らされた武田課長の対応には問題があると思われます。どのような問題があり、どう対応をするべきだったでしょうか。

第2章　業務を進め、改善する

解答　いきなり大谷社長に意向を確認し、状況を熟知しない大谷社長の回答に沿って対応したので、ベストの解決策を選択できなかった可能性がある。

まず考えうる主要な解決策を列挙し（立食パーティーから出席してあいさつしてもらう、副社長に代理を頼む、など）、それぞれのメリット・デメリットを整理し、できれば営業支援課としての推奨案を添えて大谷社長に意向を確認するべきだった。

解説　問題解決では、パッと思い付いた解決策に飛びついたり、今回のように上司から示された解決策をそのまま実行してしまうことがあります。しかし、まずは一歩立ち止まって、考えうる解決策をすべて列挙するべきです。問題解決には通常たくさんの解決策があり、飛びついた解決策がベストのものとは限らないからです。

おそらく大谷社長は、現場の事情や大会出席者など関係者の要望を知らず、自分の都合を中心に考え「日程変更」と回答したのでしょう。一応、代理店大会は開催できましたが、色々な課題が残り、日程変更がベストの解決策だったのか大いに疑問です。

大谷社長に適切な判断をしてもらうには、解答のように主要な解決策とそのメリット・デメリットを列挙する必要があります。ここでも、代表的な解決策が漏れなく列挙されているかどうか、MECE（P41参照）を意識します。

また、今回のような現場寄りの問題を上層部に判断してもらうには、「こういう選択肢があります」ではなく、「その中でもこの案をお勧めします」と具申すると良いでしょう。

18 ビジネスプロセスの改善

　代理店管理チームの朝倉係長は、代理店大会について悩んでいる。代理店大会は、共和製作所と販売代理店契約を締結している代理店の経営者・幹部を集めて年2回開催している。当社からの販売方針や新商品の紹介、会員紹介、ゲストスピーカーによる講演、立食パーティーなどが主な内容である。

　8月の代理店大会の場合、まず2月の代理店大会が終わった後、出席者にアンケートを配布する。アンケートを回収し、結果を分析し、営業所の声も集めて4月頃に8月大会の方針を決めて、5月頃に営業本部の決裁を受ける。5月から詳細を詰めると同時に、会場の予約、ゲスト講演者への依頼を行い、概要が固まったら、6月に代理店に案内状を発送する。7月からは、当日の詳細スケジュールと役割分担などを詰め、出欠確認、遠方出席者の宿泊手配などを行う。

　こうして多大な労力をかけて企画・準備しているにもかかわらず、参加する代理店経営者や共和製作所の営業担当者の満足度・評判が芳しくない。「案内が来るのが遅く、出席しにくい」「内容がマンネリ化している」という指摘をよく受ける。

　また、チームメンバーは、直前1か月は深夜まで残業して準備を進めているが、人事部からは「深夜残業を放置しているのは大問題」と厳しく指摘されている。

メンバーの能力・意欲には問題ないものとして、武田課長の立場から、代理店大会について朝倉係長にアドバイスをしてください。

解答

- そもそも代理店大会を年2回開催する必要があるのか、まず再検討してもらう。
- 企画・準備のプロセスを見直す。具体的には、2月大会（8月大会）の前から8月大会（2月大会）の企画を始める、会場予約や宿泊手配などを前倒しで実行する、宿泊手配を出席者にやってもらう、といった対策が可能かどうか検討してもらう。

解説

業務の効率を上げるには、①メンバーの業務処理能力を上げる、②無駄のない効率的な業務プロセスを構築する、というアプローチがあります。第4章で取り上げるのが①、本ケースで取り上げるのは②です。

まず、そもそも無駄な業務を実施しないことが大切です。代理店管理チームの場合、代理店大会について「マンネリ化している」という指摘があること、インターネットで相当な情報を伝達・共有できるようになっていることから、年に2回も開催する必要があるのか、再検討するべきでしょう。

業務プロセス、つまり業務を進める順序や内容を見直すことも必要です。代理店管理チームはしっかりPDCAサイクルを回しており、一見、順序的には大きな問題がないように見えます。ただ、現実には半年サイクルで実施するのは無理があるので、解答のようにPDCAの順番を崩して前倒しでできるものは早めに実施します。

製造業で、設計から製造にいたるさまざまな業務を同時並行的に処理することによって、開発プロセスを短期化する開発手法を**コンカレントエンジニアリング**と言います。代理店管理チームでも、PDCAをきっちり順番に進めるのではなく、コンカレントエンジニアリングの発想で業務プロセスを見直すと良いでしょう。

19 業績の振り返り・評価

　武田課長が営業支援課にやってきて半年が過ぎた。共和製作所では、年初に立てた職場・個人の目標を半年ごとに評価することになっている。10月第1週、営業支援課のこの半期の活動を振り返り、成果を評価するために、武田課長は各チームの係長から成果・達成度合いを報告してもらい、面談した。

　その中で気になったのが、販売促進チーム・大内係長の報告である。当初、販売促進チームでは、販促キャンペーンの企画・実施のプロセスを見直し、営業所・顧客の満足度を引き上げる目標だった。しかし、夏に実施したキャンペーンは、従来とほぼ同じ企画・実施プロセスで、営業所・顧客の満足度も以前と大きく変わらなかった。

　大内係長は、気まずそうに弁明した。

大内「ご存じかと思いますが、キャンペーン前の時期、代理店からのクレームなど突発事態への対応に忙殺され、思った通り活動できませんでした。下期はしっかり取り組みたいと思います」

武田「下期はそういうことがないように、しっかり取り組んでください」

問題 武田課長の業績の振り返り・評価には問題があると思われます。
どのような問題があるでしょうか。

第2章　業務を進め、改善する

解答
① 半年単位というPDCAサイクルの期間は長い。
② 大内係長に日常的な評価・改善をさせていない。
③ 目標通り進まなかった事態にどう対応したのか確認していない。
④ 下期の具体的な改善策を要求していない。

解説
　PDCA（Plan→Do→Check→Act）は業務運営の基本であり、職場のPDCAを回すのがマネジャーの大きな役割です。企業では、期初に目標を作り（Plan）、目標に向かって活動し（Do）、3か月おきや半年おきに振り返って、評価（Check）・改善（Act）を行います。
　武田課長は、会社が定める標準プロセスに沿って今回、評価・改善をしているのでしょうが、販売促進チームの状況を見ると、半年というPDCAサイクルは長いように見えます。会社の仕組みとは別に、もう少し短期間（たとえば3か月）でPDCAを回す必要がありそうです（①）。また、実務を担う大内係長には、日常的に評価・改善をしてもらう必要があります（②）。
　大内係長の面談では、業務多忙だったという簡単な弁明だけで、目標達成に向けた過去の取り組みの問題点が明らかになっていません（③）。また、過去の反省を踏まえて、今後の取り組みをもっと詳細に詰める必要があります（④）。

第2章のおわりに

　本章では、マネジャーが業務のQCDをレベルアップさせること、そのために業務上の問題を解決すること、業務を改善することなどを検討しました。

　よく「日本の現場の社員は優秀だ」「日本の現場は強い」と言われますが、残念ながら各種調査によると、日本企業の業務効率は、国際的にかなり低いようです。辛うじて効率的なのは製造業の生産現場だけで、営業・開発などはアメリカ企業に大きく劣り、本社部門の業務になると、絶望的な格差があります。

　こうした現実を踏まえ、マネジャーの業務運営について最後に強調したいのは、業務の非効率さを直視し、科学的・論理的なアプローチで効率を追求することです。

　日本の経営者・マネジャーの多くは、科学・ロジックよりも業務に取り組む真心・魂を重んじて、真剣に効率化に取り組んでいません。たとえば、スーパーマーケットのレジやラーメン店の店先に長い列ができると、「ああ商売繁盛だ！」と喜んでおしまいです。非効率という認識がないのです。

　アメリカでは、行列という現実の中に列をさばく業務（オペレーション）の無駄・非合理があると考え、統計的に一番待ち時間が短くなる方法を探ります。オペレーションズ・リサーチでいう「待ち行列」という研究領域です。

　待ち行列だけでなく、日本企業では、たいした考えもなくなんとなく過去からやってきたことを惰性で繰り返し行っている業務が多いようです。マネジャーは「日本の現場は強い！」などという感覚的な思い込みに惑わされることなく、謙虚に業務を見つめ直したいものです。

第3章
コミュニケーションを深める

効率的・効果的に業務を進めるためのカギになるのが、コミュニケーションです。マネジャーは、メンバーとのコミュニケーション、メンバー間のコミュニケーションを深め、闊達な職場を作る必要があります。

この章では、職場でのコミュニケーションの基本である報連相（報告・連絡・相談）から始めて、会議の進め方、コンフリクトの解消など、発展的なテーマを検討します。

20 報連相①

　真田は入社4年目で、朝倉係長の下で代理店管理業務を担当している。

　真田は業務処理能力や対人コミュニケーションなど問題ないが、責任感が強く、何でも抱え込んでしまうタイプである。たいていはそれでうまく業務が進むのだが、たまにうまくいかず、トラブルに発展している。

　先日、真田は、当社の配送センターが移転することを代理店にはがきで通知する業務を担当した。7月末の移転前にはがきを出す予定だったが、代理店名簿の更新やはがき印刷業者の選定に手間取って、結局、代理店にはがきが届いたのは8月中旬だった。

　その間、真田は1人で仕事を抱え込み、たまに朝倉係長が「大丈夫か？」と尋ねても、「大丈夫です。何とかなります」と繰り返していた。

問題　武田課長は、
真田さんや上司の朝倉係長に
どのような指導を
行うべきでしたでしょうか。

第3章　コミュニケーションを深める

① まず、真田さんに納期を守ることと報連相の重要性を伝える。
② 真田さん→朝倉係長→武田課長という報連相の流れをルール化する。
③ 朝倉係長に、真田さんの業務進捗状況を確認し、自ら手伝うか、武田課長に応援要請について相談させるようにする。

　報告・相談・連絡の3つを**報連相**と言い、仕事の基本行動です。仕事のQCD（品質・コスト・納期）をレベルアップするには、部下から上司への報連相を習慣化することが大切です。

　実際の順番は相連報、つまり、相談→連絡→報告の順です。まず、業務を始めるに当たり、担当者はどのように進めるべきかを上司に相談し、了解を得ます。次に、作業内容やスケジュールを上司や関係者に連絡します。そして、作業が終わったら、結果を上司に報告します。

　真田さんの場合、相談・連絡・報告のいずれも十分でなかったことが窺えます。それは、真田さんの問題であるとともに、彼に報連相を要求しなかった武田課長・朝倉係長の管理の問題でもあります。

　なお、報連相に対しては「部下の自主性を損なう」「責任回避の風潮を招きやすい」といった批判があります。まったくその通りですが、それらは報連相できちんと仕事を進めることができるようになった後の発展的な課題と考えるべきでしょう。

21 報連相②

　福島主任は、入社9年目の中堅社員である。浅井係長の下で与信管理を担当している。

　福島主任は、毎日2度、決まって浅井係長にメールを出す。まず、朝9時の始業前にその日の行動予定を連絡する。そして、5時半の終業前に、その日の行動の結果や出来事を報告する。2つのメールは、いつも件名の最初が【重要】となっており、武田課長にもCCを入れている。

　また、業務上の問題があったら、迅速に浅井係長や武田課長に相談する。出張旅費の精算のようなことでも漏らさず迅速に相談し、コミュニケーションの齟齬がないように心がけている。

　周囲の若手に「与信管理はスピードが命。小さなトラブルが重大事件に発展することもあるから、迅速に漏らさず報告することが大切」と言っているようだ。

福島主任の行動には
問題があると思われます。
どのような問題があり、武田課長は
どのように指導するべきでしょうか。

第3章　コミュニケーションを深める

・福島主任の報連相は頻度が多過ぎる。
　→重要なものに絞って報連相をさせる。武田課長へのＣＣは止めさせる。
・メールがすべて【重要】となっており、重要さの程度がわからない。
　→原則として【重要】は入れず、とくに重要なものに絞って入れさせる。
・自分で考えずに、何でも相談している。
　→緊急時以外は、対策を考えた上で相談に来るように指導する。また、相談を受けたら、回答する前にまず考えさせる。

　上司は、部下が何をしているのかわからないと不安なので、部下に対し頻繁な報連相を要求しがちです。
　しかし、報連相を受けた上司はそれに対応しなければなりません。福島主任のようにあまりにも報連相が頻繁だと、対応に時間を取られて、上司の仕事が滞ってしまいます。
　よく報連相が目的になっている状況を見受けますが、報連相はあくまで業務をうまく進めるための手段であって、なくて済むならない方が良いのです。
　また、報連相をきちんとするまじめな部下ほど、自分の頭で考えず、上司に頼り切っていたりします。部下を成長させるには、相談を受けた上司は簡単に答えを出さず、部下に考えさせると良いでしょう。

22 報連相③

　ある日、武田課長に北関東営業所の伊勢所長から電話がかかってきた。伊勢所長は販売促進チームの松平と上司の大内係長、そして武田課長のことを厳しい口調で批判した。

　先月、北関東営業所は、厨房機器の業界団体が主催する商品展示会への出展を独自に企画し、営業支援課に特別予算を申請した。しかし、申請を受けた松平は、業務多忙のため審査・承認の作業が遅れた。伊勢所長は対応を急ぐよう松平や大内係長に何度か催促したが、松平と大内係長は「すぐ対応します」「もうすぐなので、大丈夫です」と繰り返すばかりだった。結局、予算の承認は得られたが、業界団体への申し込み期限に間に合わず、出展できなかったということである。

　伊勢所長に平謝りした武田課長は、早速、大内係長と松平に事実関係を確認した。2人は、他に突発的な業務が入って対応が遅れてしまったと経緯を説明したあと、伊勢所長が電話で話していたことを大筋で認め、謝罪した。

　武田課長は、今回、大内係長と松平が自分に途中経過やトラブル発生を報告してこなかったことにショックを受けている。

問題 悪い情報が上がってこない状況を
武田課長はどう改善するべきでしょうか。

第3章 コミュニケーションを深める

① 「悪い情報ほど早く上げる」という報連相の基本を課のメンバー全員に周知させる。
② 武田課長自身の悪い報告を受けたときの態度を振り返り、見直す。報告に対して叱責するのではなく、まず善後策をアドバイスするようにする。

　「悪い情報ほど早く上げる」は報連相の基本です。ただ、実際には今回の大内係長・松平さんのように、報告・相談が遅れてしまいがちです。報告が遅れると、必要な対策をとることが遅れ、傷口を広げてしまうことがあります。
　まず、営業支援課では「悪い情報ほど早く上げる」という基本が徹底されていないようなので、大内係長・松平さんだけでなくメンバー全員に改めて周知させます（①）。
　ただ、それだけではなかなか事態は改善しません。報告が遅れるのは、上司に叱責されることを恐れているわけですからで、報告を受ける上司の側の対応を見直す必要があります。
　今回、大内係長・松平さんが事実関係を認める前にまず弁明をしているのが気になります。武田課長は、悪い報告を受けたとき厳しく叱責するなど、メンバーを委縮させるような態度をとっていないか、確認する必要があります（②）。
　もちろん、トラブルを起こしたのは重大な過失で、処罰の対象になります。ただ、処罰は、武田課長ではなく、後ほど経営上層部が判断することです。報告を受けた段階で、武田課長は叱責せず、善後策の検討に集中するべきです。

23 提案を引き出す

　販売促進チームの中川主任は、課内きってのアイデアマンである。前職でコンサルティング会社に勤務していたこともあって、分析力と柔軟な発想で斬新な販促キャンペーン企画をたびたび生み出している。

　先週から大内係長を中心に次回キャンペーンの企画を検討していたが、なかなか良いアイデアが出ない。そこで、検討の様子を見ていた武田課長は、中川主任に意見を求めた。すると中川主任は、待ち構えたように、レストランのシェフが参加するユーザー参加型キャンペーンのアイデアを披露した。

　検討の結果、中川主任が出したアイデアが採用された。大内係長は「さすが中川、冴えてるねぇ！」と大喜びしている。ただ、武田課長から見て不満なのは、中川主任がせっかくのアイデアを自ら提案しなかったことである。

　中川主任は、性格が引っ込み思案というわけではなく、要所できちんと自分の意見を述べる。中川主任だけでなく、営業支援課の他のメンバーも、積極的に自分のアイデアを披露する様子はない。

問題 メンバーから
アイデア・提案を引き出すために、
武田課長はどう対応するべきでしょうか。

第3章　コミュニケーションを深める

① 日常的に雑談を持ちかけ、思ったことを自由に口に出せる雰囲気を作る。
② 提案が上がってきたら、論評・判断を差し控え、まずじっくり傾聴する。
③ できるだけアイデアを採用する。不完全なアイデアでも、改良して試してみる。

　マネジャーは、自らアイデアを生み出すことも大切ですが、メンバーからアイデア・提案を引き出すことを、より心掛ける必要があります。

　営業支援課のように、メンバーが良いアイデアを持っていながらそれを提案しないという場合、思ったことを口にしにくい雰囲気があるか、提案を拒否されるのを恐れていることが考えられます。

　雰囲気を変えるには、雑談を増やすなど日常的に配慮すること（①）と提案を受けたときのマネジャーが、しっかり提案を受け止めること（②）が大切です。

　また、自分の提案が採用されると、メンバーは「よし、もっと提案しよう」と前向きになります。日本企業では、「1打数1安打」を狙って、完璧な提案しか採用しない風潮がありますが、たくさんバッターボックスに入ってバットを振ることで、三振も増えますがヒットの数も増えます。まったく箸にも棒にも掛からないという提案はないはずですから、改良して試すなど、できるだけ採用すると良いでしょう（③）。

24 メンバー同士のコミュニケーション……

　先日、武田課長は、昼食で同席した伊達本部長から、「最近の営業支援課は、お通夜のように静かだねぇ」と言われた。

　武田課長は、赴任してまず、営業所と比べて営業支援課の活気の無さが目に付いた。ただ、営業所しか勤務経験がないので「本社とはこんなものか」と特に問題視していなかった。しかし、伊達本部長によると、本社の他の部署はもっと活気があると言う。

　就業時間中、メンバーはわき目もふらず、引きつった表情で黙々と仕事をしている。課の人員が減らされた一方、業務量が増え、ゆとりがなくなっているようだ。

　また、以前はメンバーの半数以上が喫煙者で、喫煙スペースでよく談笑していた。しかし、健康増進の会社の方針で、3年前に喫煙スペースが撤去されてからは、就業中に離席して息抜きをすることもなくなった。

　一人ひとりのメンバーは決して内向的というわけでなく、話せば冗談も言う。ただ、ムードメーカーは不在で、全体としては沈滞している。

このような状況に対して、武田課長は課長として
どのような対処をするべきでしょうか。

第3章　コミュニケーションを深める

 まず、武田課長からメンバーに雑談をしかけたり、質問を投げかけたりする。メンバーに、集中するときとリラックスするときのメリハリを付けることの大切さを説明し、係長にも、部下に適度に雑談をするよう指導する。

　また、個人で完結する仕事でなく、複数のメンバーが共同で取り組む仕事を与える。個人で完結する仕事でも、相互チェックなどコミュニケーションをとる機会を増やす。

 職場でのコミュニケーションが減っているようです。人員削減で業務負荷が増しており、「余計なことをしゃべっている場合ではない」という雰囲気でしょう。

　人間の集中力が持続する時間には限界があります。ずっと張り詰めた雰囲気の中で仕事をするよりも、集中するときとリラックスするときのメリハリを付ける方が、仕事の能率が上がります。

　部下に「しっかりコミュニケーションをとるように」と指示するだけでは、なかなか改善しません。ムードメーカーの出現を期待してもいけません。部下は職場の責任者の行動を見て自分の行動を変えますから、まず、職場の責任者が自ら雑談をするようにします。そして、全員にメリハリを付けることの重要性を説明すると、部下は安心してコミュニケーションを増やすでしょう。

　また、仕事では、できるだけメンバー同士が共同で取り組めるような仕掛け作りをすると良いでしょう。単独で行う仕事でも、相互チェックをすると、コミュニケーションが深まるとともに、ミスが減り、メンバーのスキルの幅が広がります。

25 他部門との連携

　製造部の太田部長から武田課長に業務上のクレームが来た。
　営業支援課がキャンペーンを実施すると、値引きなど対象商品の販売が通常より増加するので、製造部および傘下の各工場は、約3か月前から増産の準備を進める必要がある。
　今月実施中のキャンペーンでは、5か月前から営業部内で企画・検討を開始したのだが、営業部内の方針が二転三転し、営業支援課から製造部への企画内容の伝達が2か月前と遅れてしまった。しかも、対象製品の指定が「だいたいこの製品群」と大雑把だった。さらに悪いことに、1か月前にキャンペーンの予算規模が縮小になった。
　こうした悪条件・ミスが重なり、製造部・工場の生産計画が狂って、製品を作り過ぎ、過剰在庫が発生してしまった。
　太田部長は、営業支援課の対応を厳しく批判し、謝罪と今後の改善を要求している。

製造部との関係や仕事の進め方に
どのような問題があるのでしょうか。

第3章　コミュニケーションを深める

① 営業支援課と製造部のコミュニケーションが悪く、状況の変化を正確かつタイムリーに伝えていない。
② 営業部が企画し、決定事項を製造部に伝達する進め方をとっており、製造部と協力して検討するやり方になっていない。

　　部・課といった組織単位の内部だけで完結する業務はまれで、たいていの業務は他部門と連携して進めます。マネジメントというと部下に指示・命令することだと狭く捉えがちですが、他部門と連携を図ることもマネジメントの重要な要素です。

　他部門と連携して業務を進めるための基盤になるのが、お互いのコミュニケーションです。日ごろから幹部やメンバー同士が情報交換し合い、お互いの業務を知っておく必要があります。今回のような問題が発生し、事態を悪化させたのは、コミュニケーションの悪さを物語っています（①）。

　それとともに検討・見直しを要するのが、営業部と製造部の役割分担です。現在は、営業部が企画・決定し、製造部が製造作業を実行するという分担ですが、営業部が単独で検討するよりも、製造部など他部門を交える方が多面的な良い検討ができる可能性があります（②）。

26 コンフリクトの解消

　１０月のある日の朝、京都営業所が取引している代理店・増田興業が１回目の不渡り手形を出した。早急に対応しないと数百万円の貸倒損失が発生する可能性がある。

　与信管理チームでは、地域ごとに管理を担当している。今年３月まで丹羽主任が京都営業所を担当していたが、４月に担当替えがあり、現在は福島主任が担当している。

　福島主任は、京都営業所に増田興業の経営状態・銀行取引の確認など初動を伝達し終えると、「課長にお伝えすべきことがあります」と武田課長を打合せスペースに誘った。

福島「４月に担当になったとき、丹羽さんから文書による引き継ぎはなく、増田興業については『問題ないよ』の一言だけでした。増田興業の経営悪化は昨年からすでに始まっており、今回の責任はすべて丹羽さんにあります」

　午後、前任の丹羽主任からも武田課長に訴えがあった。

丹羽「担当替えのとき福島は忙しく、同じチームなので、『おいおい引き継ぎをお願いします』と言われました。たしか５月に京都営業所から増田興業の状況について相談があったようです。今回の件は、そういうサインを見逃し、対応を怠った福島の責任です」

問題 ２人の人間関係には問題があると思われます。武田課長は、２人に対してどう指導をするべきでしょうか。

第3章　コミュニケーションを深める

解答　まず、お互いに責任をなすり付ける発言を慎むよう伝える。増田興業の件が落ち着いたら、2人で協力して今回の一件について振り返り、業務引き継ぎの進め方について検討させる。良い進め方を確立し、それを営業支援課だけでなく営業部、さらに全社に広める。

解説　利害関係が対立し、軋轢を生んでいる状況を**コンフリクト**（conflict）と言います。

　本件では、引き継ぎのやり方や貸倒れが懸念される状況もさることながら、福島主任と丹羽主任のコンフリクトが気になります。

　職場でコンフリクトが発生したら、マネジャーは解消を促します。対立する当事者が自己主張を強めるか弱めるか、当事者が解消に向けて協力的か非協力的か、という2軸から、「回避」「競争」「妥協」「順応」「協創」という5つの方法があります。2人は「競争」、つまりどちらが正しいか白黒つけようという姿勢ですが、最も望ましいのは「協創」で、お互いが主張しながらも協力して良い解決策を創り出すことです。

　解答では、2人に協力して引き継ぎ方法について検討させることによって、業務だけでなく、仕事の進め方や人間関係も改善させることを目指しています。

　マネジャーにとってコンフリクトは頭が痛いですが、「協創」で解消できれば、職場は飛躍的に改善されます。コンフリクトは望ましいことなのです。

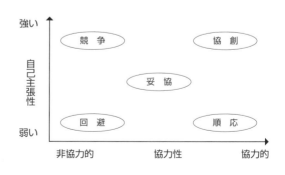

27 会議の活性化

　営業支援課では、毎週月曜日に課内会議を開催している。課内会議は、武田課長の進行で、①全メンバーからの先週1週間の活動の報告、②武田課長から今週の活動方針の伝達、③全メンバーから今週の活動予定の説明、という順序で進む。毎週、1時間から1時間半かかっている。

　まず、①先週の活動報告では、全メンバーがどういう活動をしたのか、その結果がどうだったのかを1人2～5分で順に説明する。武田課長や係長から確認の質問がたまに出るが、淡々と進む。②の活動方針の伝達では、武田課長から方針を説明する。説明後に質疑応答を行っているが、ほとんど質問はなく、武田課長からの一方的な伝達になっている。③活動予定の説明では、全メンバーから1人1～4分程度で順に説明する。武田課長や係長から確認の質問が出ることがたまにあるが、大半のメンバーは質問を受けず、次々と進んでいく。

　営業支援課では、かなり以前からこういうやり方で課内会議を実施しており、武田課長も踏襲している。ただ、せっかくやるなら、もう少し違った実のあるやり方ができないものか、と思う。若手メンバーからも、「課内会議は時間の無駄」という声が挙がっているようだ。

　なお、課内会議とは別に各チームでもミーティングを実施しているが、メンバー全員が定期的に集まるのは、課内会議だけである。

問題 課内会議を活性化させるために、武田課長はどういう手を打つべきでしょうか。

第3章　コミュニケーションを深める

解答
- 報告事項（①と③）など定型的なものは、事前に資料を作成し、イントラネットなどで共有しておく。会議では、手短に済ませるか、とくに課全体に共有する必要がある者だけが説明し、他はチーム・ミーティングで共有してもらう。
- 余った時間を使って、課内の問題について自由に討議する。あるいは、メンバーに最近の業界・競合・自社の動向などをプレゼンテーションさせる。
- また、武田課長が議事進行するのをやめて、メンバーに持ち回りで進行役をさせ、武田課長はコメント・アドバイスをするようにする。

解説
　日本企業のホワイトカラーの生産性はアメリカなど他の先進国と比べて非常に低く、その要因として非効率な会議がよく問題になります。
どのような会議が望ましいかは、会議の目的によって異なります

　　＜目　的＞　　　　　　　＜望ましい状態＞
A：情報を伝達・共有する　→　必要な情報が参加者に伝わる。
B：新しいアイデアを生み出す　→　多様な意見から良いアイデアが生まれる。
C：意思決定する　→　的確な結論を導き出す。

　現在の営業支援課の課内会議はAのようですが、電子メールやイントラネットが普及した今日、会議でなくても目的を達成できます。情報の伝達・共有はイントラネットなどで事前に済ませて、Bを中心に実施するべきでしょう。
　また、一番偉い人が議事進行すると、出席者は遠慮して、自由に意見を述べるのが難しくなります。会議を活性化させるために、武田課長が議事進行するのを止めるのも一法です。

28 職場外でのコミュニケーション

営業支援課では、就業時間内だけでなく、時間外のコミュニケーションも低調になっている。

以前は終業後の小集団活動（QC活動）が盛んだったが、「事実上のサービス残業（残業手当を払わない超過勤務）だ」という批判を受け、3年前、就業時間外の職場単位の活動を禁止する人事部通達が出された。

また、職場旅行などレクリエーションが盛んだったが、近年の業績悪化で福利厚生費が大幅に削減され、めっきり減った。

課全体の飲み会は、歓送迎会と忘年会で年3〜4回である。終業後にメンバー同士が連れだって飲みに行くこともめっきり少なくなった。

こういう状況に対しても、メンバーから昔を懐かしむような声は聞かれない。むしろ若手は、「会社は仕事をするところ。仕事は仕事、遊びは遊び、すっきりしていいじゃないですか！」と言っているようだ。

この状況に武田課長はどう対処するべきでしょうか。

第3章　コミュニケーションを深める

解答　時間と金銭を掛けない以下のような方法で、業務時間外でのコミュニケーションを増やす（いずれも原則、自由参加）。
① ランチタイムに従業員の誕生会を開催する。
② 趣味・特技の発表会を開催する。
③ ジョギングやフットサルなど、始業前・終業後に無理なくできるスポーツに職場単位で参加する。

解説　職場外でのコミュニケーションをどこまで深めるかは、マネジャーにとって難しい問題です。

近年、サービス残業が社会問題化し、仕事と家庭生活の調和を図る**ワーク・ライフ・バランス**（P155参照）がクローズアップされるようになっています。若い世代を中心に、「会社とプライベートを明確に分けるべき」という考えが広がっています。サービス残業が社会的な問題になり、**QC活動**の実施は難しくなっています（実施する企業では、残業代を払って業務として実施するケースが増えています）。

ただ、職場以外でもコミュニケーションを深めることによって、メンバー同士の良いチームワークが生まれます。プライベートを犠牲にしてはいけませんが、適度な職場外のコミュニケーションは、業務にも従業員満足度にもプラスの影響を与えると考えられます。

マネジャーは、解答のように、時間的にも金銭的にも負担感が少なく、無理なく参加できるような企画を考えます。

職場外でのコミュニケーションは、義務感なく、自発的に行い、結果的に従業員同士の相互理解が深まるのが理想です。そのためには①②のような他メンバーに対し、個人的な興味を持てるようなイベントを企画すると良いでしょう。

第3章のおわりに

　この章では、職場内外でのコミュニケーションのあり方について検討しました。マネジャーには、メンバーのコミュニケーションを深めて活力のある職場を作ることが期待されます。

　ただ、近年、人減らしで業務負荷が上がっていること、正社員の他にも、派遣社員・パート・アルバイトなど、メンバーや勤務形態が多様化していることなどから、コミュニケーションをとるのが難しくなっています。「コミュニケーションを深めましょう！」と号令をかけるだけでは、なかなか改善しません。

　基本となる報連相や縦・横・社外のコミュニケーションのポイントは紹介した通りですが、コミュニケーションの前提として大切なのが「人と仕事に対する関心」です。好きな異性についてどんなことでも知りたい、自分の思いを伝えたいとコミュニケーションを深めるように、人と仕事に関心があれば、円滑なコミュニケーションができます。関心がなければ、表面的な関係しか生まれません。

　メンバーの人と仕事に対する関心を高めるために、マネジャーは少し回り道をする必要があります。お互いの趣味、関心ごと、生い立ちを知る、といった一見仕事とは関係のない無駄のように思えることから、人と仕事に対する関心が高まり、コミュニケーションが深まるのです。

第4章
能力とモチベーションを高める

職場のパフォーマンスは、メンバーの能力とモチベーションに左右されます。マネジャーは、メンバーの能力とモチベーションを引き上げるよう働きかける必要があります。
この章では、マネジャーがOJT・Off-JT、自己啓発など能力開発をどう進めるのか、環境・仕事などモチベーションの決定要因にどう働きかけるかを検討します。

29 能力開発の進め方

共和製作所では、入社したらまず事務系は営業、技術系は製造の実務を経験し、経験を積んでから本社に異動してスタッフ業務を担当する（または営業・製造などを続ける）のが基本パターンである。ただし、営業支援課は、本社部門の中では例外的に営業の現場経験が少ない若手社員が多い。それだけに、若手・中堅社員の能力開発をどう進めるかは、重要な課題である。

営業支援課の若手・中堅メンバーは業務知識を習得することに熱心で、上司・先輩社員からアドバイスを受けて、効率的に業務をこなしている。しかし、自分から色々なことに関心を持ち、知識・スキルの幅を広げる取り組みはあまり見られない。全体に、今までと違ったやり方をしよう、より大きな仕事をしようという意欲には欠ける。

新人や他部門からの転入者にはOJTリーダーを付けることになっているが、それ以上のことは行われていない。OJTリーダーの能力や姿勢次第で、育成の成果には大きな差が出ている。

人事部が主催する研修に加えて、営業部が主催する営業関係スキルに特化した研修があるが、受講者は少ない。

営業支援課のメンバーの能力開発を進めるために、武田課長はどのような対策を講じるべきでしょうか。

第4章　能力とモチベーションを高める

① まずメンバーの能力レベルを把握する。
② 課のミッション・ビジョンから、メンバーに必要な能力を明らかにする。
③ ①と②から各自の希望も勘案して能力開発目標を形成する。
④ OJT基準を作成し、計画的にOJTを実施する。
⑤ 勉強会を企画・開催する。一方、研修体系の見直しを人事部・営業本部長に提案する。

　　近年、多くのビジネスで業務内容が高度化し、従業員には高度な職務遂行能力が求められるようになっています。従業員の能力開発は、マネジャーにとって重要な役割です。

　営業支援課の能力開発には大きく２つ問題があります。能力開発の目標が存在しないこと、目標を達成するための仕組みが整備されていないことです。

　何事にも目標が必要で、能力開発でも同様です。目標を形成するには、解答のように、現状の能力レベル、必要とされる能力、本人の希望を勘案する必要があります。

　目標を達成する手段として、**OJT・Off-JT・自己啓発**があり、**"人材育成の三本柱"** と呼ばれます。日本企業ではOJTが盛んですが、見よう見まねで仕事をこなしているだけで、効果的なOJTになっていない場合が多いようです。

　なお、若手では、能力開発はキャリア開発とほぼ重なります。マネジャーは、単に担当業務をこなせるようになればよしとするのではなく、キャリアという長期的な視点から能力開発を促す必要があります（P131参照）。

30 研修体系

　ある日、伊達本部長から呼び出された武田課長は、営業部門が実施している研修について改善案を取りまとめるように指示された。
伊達「顧客ニーズの高度化に対応して、営業担当者には提案営業が求められるようになっています。現在も営業部門ではいろんな研修を実施していますが、環境変化に十分に対応できていないように思います。来月上旬までに、研修の改善案を取りまとめてください」
　現在、人事部が主催する全社員共通の階層別教育(新入社員・中堅社員・係長・課長)と別に、営業本部では営業本部と営業所の社員を対象に、独自の研修を展開している。
　「商品知識」「見積もり作成」「顧客対応」「与信管理」といった営業活動に必要なスキルについて、12種類の研修を用意しており、社員は業務の必要に応じて各自の判断で選択・受講している。
　研修の内容はどれも8年以上見直されておらず、受講者数は年々減少している。受講者からは「実際の営業活動の役に立たない内容だ」「忙しい中わざわざ受講するに値しない。時間の無駄」といった辛辣な意見が出ている。

営業本部の研修体系について、問題点と改善の方向性を整理してください。

第4章　能力とモチベーションを高める

解答
・営業活動に最低限必要なものしかなく、営業活動の高度化に対応できていない。→市場環境分析・顧客分析・提案作成など、提案営業に必要な内容を扱う。
・テクニカル・スキルに偏っている。→マネジメント・問題解決など、ヒューマン・スキルの内容を取り入れる（営業部が主催）。
・各社員が受講を判断しており、必要なスキルが身に付いていない可能性がある。→各職場のマネジャーに、メンバーの研修受講計画を作成させる。

解説
　事業活動が高度化していくのに対応して、研修も高度化しなければいけません。共和製作所のように、惰性で研修を続けている企業が多いようですが、研修の見直しは急務です。
　研修には従業員の基本能力をレベルアップさせるものと、直面する問題解決に必要なスキルを上げるための研修があります。共和製作所の営業本部で問題になっているのは、提案営業という課題に対応した研修ということになります。
　また、従業員に必要な能力を**テクニカル・スキル**（業務遂行能力）、**ヒューマン・スキル**（対人関係能力）、**コンセプチュアル・スキル**（概念的能力）に分けることができ、役職によって必要なスキルは違ってきます。営業本部が主催する研修は、どうしてもテクニカル・スキルに偏りがちです。ヒューマン・スキルとコンセプチュアル・スキルの育成については、人事部に対応を依頼すると良いでしょう。

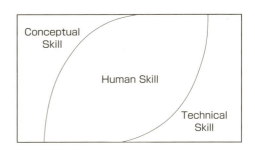

31 OJT

　研修体系の見直しについて小早川部長とともに伊達本部長に原案を説明したところ、伊達本部長からOJTについても追加で検討するように言われた。

伊達「製造部門ではOJTがしっかり行われているけど、わが営業部門、とくに営業所は大丈夫だろうか。職場によって濃淡があるような気がします。OJTのあり方についても検討してもらえますか」

　共和製作所では、人事部からの通達で、各部門の新人・転入者について、OJTリーダー（OJTを指導する先輩社員）を指定することが要求されている。しかし、各部門によって業務内容が大きく異なるため、それ以上の具体的な指示はなく、OJTのやり方は各部門に委ねられている。

　営業本部では、これまでOJTについてこれといった手を打っていない。面倒見が良いOJTリーダーがいる職場ではOJTが機能しているが、人員数が少ない職場や適切なOJTリーダーがいない職場では、OJTが機能せず、新人・転入者は放置されている。

 問題 OJTについて、改善の方向性を提案してください。

第4章　能力とモチベーションを高める

① OJT基準を作成し、部門内で共有する。
② 育成計画を作成し、PDCAを回す。
③ OJTリーダーを育成する教育機会を設ける。
④ 人員数が少なくOJTが物理的に難しい職場には、新人を配属させない。

　日本企業の人材育成は、**OJT**（On-the-Job Training）が主流です。ただ、OJTとは何であるか、どのように進めるべきか、などについて誤解が多いようです。

　OJTは、上司・先輩が部下・後輩に仕事を与えて、仕事の中で意図的・計画的・継続的に指導する教育方法です。新人が先輩社員の背中を見て、見よう見まねで業務に取り組むのは、OJTではありません。

　まず、OJT基準に基づいて、意図的・計画的に運用する必要があります。教える内容はともかく、教える方法や手順くらいはルール化できるはずで、人事部が全社的な基準を策定するのが理想です。ただ全社的な基準を策定するのが難しいなら、営業部門内で作成することで良いでしょう。

　OJT、とくに新人に行う場合、教える側の先輩社員、OJTリーダーの役割が大切です。武田課長のような職場の責任者は、新人の模範になるような適切な人物を選ぶとともに、教え方や新人への接し方などを教育します。こちらも、人事部が全社的に実施するべきです。

　解答のうち、①③④は人事部がやるべきこと、②は各部署が実施することです。今回のOJTの見直しでは、人事部門に強く働きかける必要があります。

32 自己啓発

武田課長は、人事部・教育推進課の筒井課長から電話を受けた。筒井課長はやや神妙な声で、「本社の全部署の中で、営業支援課は自己啓発支援制度の利用が最少です。自己啓発なので強制ではありませんが、何とか改善できないものでしょうかね」と言う。

共和製作所・人事部では、社員に自己啓発を奨励している。販売士・中小企業診断士といった特定の公的資格について受験料を会社が負担し、合格時に報奨金を支給している。また、外部の教育団体と提携して通信教育プログラムを提供し、修了時に受講料の半額を費用補助している。

営業支援課では、過去に公的資格の受験料・報奨金の支給実績はない。通信教育も、2年前に1件受講者がいたが、今年は誰も受講していない。毎年、教育推進課から自己啓発支援制度の紹介文書が送られてくるが、課内で回覧してもほとんど反応がない。

OJTリーダーをしている中川主任と雑談し、教育推進課から要望があったことを伝えると、中川は「まあ、営業所なら販売実務を勉強するというニーズがありますが、本社スタッフは通信教育とかで勉強しても、ほとんど役に立ちませんからね」と言っていた。

問題 武田課長は、この状況にどのように対処するべきでしょうか。

第4章　能力とモチベーションを高める

- 能力開発目標（P71）の中で、自己啓発に取り組むように促す。
- 自己啓発支援制度の文書を回覧するだけでなく、課内会議で紹介・推奨する。
- 係長やOJTリーダーに、自己啓発を通して部下を育成することの大切さを教える。
- 武田課長が自ら自己啓発を受講し、学んだこと、考えたことをメンバーに伝える。

　　OJT・Off-JT・自己啓発は"人材育成の三本柱"とされていますが、日本企業ではOJTが盛んな一方、自己啓発は活発ではありません。しかし、3つの中で学習効果が最も高いのは自己啓発です。

　自己啓発はどうしても従業員の自主性に任せることになり、今回の営業支援課のように低調になりがちです。自己啓発を活性化させるには、解答のように、少し強制力を持たせる必要があります。

　ただ、イギリスの格言で「馬を水辺に連れていくことはできても、水を飲ませることはできない（You can take a horse to the water, but you can't make him drink.）」と言われるように、最終的に大切なことは、メンバーの自発的に学ぼうとする意欲です。マネジャーは、自ら自己啓発に取り組み、学習内容を生かして良い仕事をして、メンバーに「武田課長のように良い仕事をするには、学習することが大切なんだ。よし、俺もやるぞ！」と思ってもらうのが理想です。

33 モチベーションの要因

　営業所時代の武田課長は、持ち前のガッツと行動力でトップクラスの営業実績を残した。残業をいとわず、お客様から罵倒されてもめげずに努力を続けた。

　武田課長は、モノを売るという仕事が好きだ。モノ余りで競争が激しい時代に、簡単には売れない。しかし、お客様のニーズを探り、関係づくりをして、丁寧に商品のメリットを説明し続けると、お客様に納得して買っていただける（場合がある）。苦労が大きいだけに、売れてお客様に満足していただけると「ああ、頑張って良かった」という気持ちになり、さらに努力をしようとモチベーションが高まる。

　その経験から、武田課長は、良い仕事をすることによって人は成長し、モチベーションが高まると考えている。そして、メンバーには「仕事で成長しよう。仕事を好きになって、高い意欲を持って仕事に取り組もう」と課内会議などの場で繰り返し強調している。

メンバーのモチベーション（動機付け）を高めるという点で、
武田課長の考え方・方針には
どのような問題があるでしょうか。
問題点と改善の方向性を示してください。

第4章　能力とモチベーションを高める

解答　武田課長の仕事に対する考え方・姿勢それ自体は間違っていない。ただ、モチベーションを高める要因には「仕事」以外にも「環境」「評価」「報酬」があり、「仕事」だけを強調するのはバランスを欠く。

　まず、一人ひとりのメンバーがどの要因でモチベーションを変化させているかを調査する。メンバーが重視している要因について、大きな欠陥がないようにバランスよく改善する。そこまでできたところで、「仕事重視」という武田課長なりの色を出していく。

解説　機械と違って、人はモチベーション（動機付け）次第で生産性が大きく変わります。マネジャーにとって、部下など関係者のモチベーションを高めるのは重要な仕事です。

　解答の通り、モチベーションは大きく「環境」「仕事」「評価」「報酬」という4つの要因で変化します。

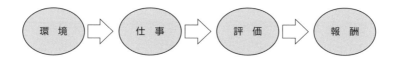

　職場では、武田課長のように「挑戦的な仕事をすることが何より大切」と言う人もいれば、「明るく楽しい職場環境で過ごしたい」と考える人もいるでしょう。したがって、複数の部下を管理するマネジャーは、自分の考えを押し付ける前に、まず4つの要因に大きな欠陥がない状態を目指す必要があります。

　もちろん、会社は経営理念などで「社員にはこういう考えを持ってほしい」と表明していますし、マネジャーには自分なりの思いがあるでしょう。4つの要因について大きな欠陥がない状態にしてから、マネジャーが自分なりの色を出していくのは、大いに結構です。

34 職場環境とモチベーション

　共和製作所の人事部では、近年、職場環境の改善を強力に進めている。ライフ・ワーク・バランスを求める世間の風潮を受けての措置だが、直接のきっかけは、4年前にネット上でサービス残業が常態化している"ブラック企業"だと批判されたことである。

　ネットでの指摘通り、かつては職場でサービス残業が横行していたが、ここ数年でほぼゼロにした。産前産後休業や介護休業を拡大し、出産や介護による離職を大幅に減らした。健康増進プログラムを導入し、健康診断を拡大した。

　しかし、人事部が中途退職者に行っている追跡アンケート調査では、「職場環境が悪い」ことを問題視する意見が多い。職場環境のどこが悪いのか詳細は不明だが、"ブラック企業"と批判されていた頃からあまり改善していない。昨年、営業支援課から中途退職した元社員も、職場環境の悪さを指摘している。

問題 共和製作所の職場環境について、推測できる問題は何でしょうか。

第4章　能力とモチベーションを高める

・人事部が導入した制度・施策は、従業員に目線を合わせておらず、従業員が必要とし、望んでいるものではない。
・諸制度が物理的な環境の改善に偏っており、職場での人間関係など非物理的な環境は改善されていない。
（いずれも可能性で、事実かどうか確かめる必要がある）

　近年、職場環境の改善が重要な経営課題になっています。ワーク・ライフ・バランスを求める世論や政府の「1億総活躍社会」構想を受けて、従業員が働きやすい職場環境の整備が求められています。

　ただ、世の中のトレンドや国・自治体の政策には合致していても、従業員のニーズには合っていない、企業からの押し付けの制度・施策になっていることがよくあります。

　共和製作所の場合、ブラック企業批判に応えることは喫緊の課題ですが、職場環境の改善が進んでいないという意見が依然として多い点からすると、社外にばかり目が向いていて、肝心の従業員のニーズに応えていない可能性があります。

　また、導入した施策はいずれも物理的な環境を改善する施策です。有名なホーソン実験によると、従業員のモチベーションに大きな影響を与えるのは、物理的な環境よりも非物理的環境です。とくに、職場内で良好な人間関係が構築されているかどうかが、従業員のモチベーションを左右します。

35 仕事とモチベーション①

　竹中主任は入社8年目で、代理店管理チームの中核的存在である。業務処理は正確・迅速で、クレーム・依頼にも誠実に対応しており、営業部の上層部だけでなく、営業所や代理店からも高く評価されている。

　その竹中主任の職場での様子が、このところ少しおかしい。仕事での単純ミスが目立つようになり、業務処理の初動がわずかに遅くなったように見える。口数が減り、冴えない表情を見せることが増えている。

　心配した武田課長は、竹中主任と面談して、何か問題があるのか尋ねた。竹中主任は、人間関係など職場環境や評価、報酬について不満はなく、仕事にやりがいが感じられないことが問題だと率直に答えた。
竹中「以前は仕事をしていて面白いと感じられましたが、最近、仕事が面白いと思えません。私の努力不足かもしれませんが……」

　なお、竹中主任の直属の上司は朝倉係長である。朝倉係長の指導について、竹中主任は「とくに不満を感じることはありません」とのことである。

竹中主任が仕事に対するモチベーションを低下させているのはなぜでしょうか。考えられる原因を列挙してください。

第4章　能力とモチベーションを高める

解答
・業務の目的・意義・全体像などが上司から伝えられていない。
・能力と比べて担当業務の難易度が低い。
・企画・調整など業務の重要部分を担っておらず、本人が工夫する余地がない。
・同じ業務を長く担当し、マンネリ化している。
・ゴールや終わりが見えず、達成感が感じられない。
・担当業務と本人のキャリアの関係が不明確である。
・本人が業務を通して成長を実感・期待できない。
・担当業務が本人の興味・関心と合致していない。
（あくまで可能性で、どれが真の原因なのか確かめる必要がある）

解説
　人がモチベーションを上下させる要因には、大きく「環境」「仕事」「評価」「報酬」の4つがあります。ただし、竹中主任のような能力・意欲が高いビジネスパーソンは、一般に「仕事」を最も重視します。自分を成長させるような仕事、難易度が適度に高い仕事、達成感が感じられる仕事に取り組むとき、モチベーションが高まります。
　竹中主任が仕事でモチベーションを高めることができていないとすれば、解答のような原因が考えられます。
　竹中主任への対応は大切ですが、部下のモチベーションは上司の仕事の与え方に左右されますから、上司（朝倉係長）の姿勢が問題になります。残念ながら多くの上司は、「本部長がやれって言ってるんだから、ウダウダ言わずにやれよ」と乱雑に部下に仕事を与えて、逆に「仕事」によって部下のモチベーションを下げてしまっています。
　解答のポイントのどれを重視するかは、部下一人一人で異なります。部下を持つ人は、部下それぞれについて注意点をリスト化し、丁寧に仕事を与えるようにすると良いでしょう。

36 仕事とモチベーション②

　最近、北条主任の元気がない。以前は明るく元気にあいさつしたのに、暗い表情でつぶやくようにあいさつすることが目立つ。会議でも、あまり発言しなくなった。
　気になった武田課長が北条主任に尋ねると、「最近仕事に対するモチベーションが上がらない」とのことである。
　北条主任は入社11年目で、販売促進チームでキャンペーンの企画・運営を担当している。昨年までは大内係長の指示で主に実行面を担当していたが、今年からは小規模な案件については、企画から実施まですべてを任せられている。
　キャンペーン企画は、社内の営業部門や経営陣、外部の委託業者など多くの関係者に影響する重要業務である。武田課長は、北条主任が重要業務を任せられたことを意気に感じ、張り切って取り組んでいると思っていた。
北条「課長や大内さんから期待されて嬉しいですし、何とか期待に応えたいのですが、気持ちが入らなくて……」

問題　北条主任のモチベーションが上がらないことには、どのような原因が考えられるでしょうか。

第4章　能力とモチベーションを高める

解答
・本人の能力と比べて業務の目標・役割が大きすぎる。
・任せられたきりフォローがなく、孤立している。
・本人のキャリア目標と合致した仕事ではない。
（あくまで可能性で、どれが真の原因なのか確かめる必要がある）

解説

「環境」「仕事」「評価」「報酬」というモチベーションの要因の中でも、「仕事」はとりわけ大切です。Ｘ理論・Ｙ理論、欲求階層説、動機付け・衛生理論など過去の多くのマネジメント理論は、人は挑戦的な目標・役割を与えられると、モチベーションを高めると説明しています。

ただ、あまりに大きい目標・役割だと「そんなのできっこないよ」と受け止めて、逆にモチベーションが下がります。図のように、達成可能性がゼロ（できっこない）でも、100％（誰でもできる）でもダメで、能力を伸ばし、ベストを尽くした状態で「できるか、できないか」という目標・役割を与えられたとき、最高にモチベーション（達成意欲）が高まるのです。

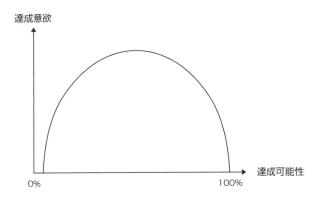

37 メンタルヘルス・ケア①

　柴田（男性、入社5年目、27歳）の様子が最近少しおかしい。もともとは明るくよくしゃべる方なのに、先月から仕事中の口数が少なくなった。書類の宛先間違いなど、小さなミスが増えている。

　武田課長は、柴田がメンタルヘルス不調に陥っているのではないかと疑った。以前に参加した人事部主催の管理職研修で、メンバーの「いつもと違う」行動に気付くことがメンタルヘルス不調の早期発見に重要だと学んだからだ。

　早速、声を掛けると、柴田は明るい笑顔で「何ともありません。ご心配なく」と言う。たしかにいつもと少し違う気はするが、とくに仕事のパフォーマンスが落ちているわけではないので、しばらく様子を見ることにした。

問題

武田課長の柴田さんへの対応には問題があったと思われます。どのような対応をとるべきだったのでしょうか。

第4章　能力とモチベーションを高める

柴田さんがメンタルヘルス不調を恥ずかしいと考えており、「何ともありません」と答えている可能性がある。本人の発言を鵜呑みにせず、産業医など専門家に相談に行かせる。

職場で強いストレスや不安を感じ、精神の不調をきたす**メンタルヘルス**不調者の増加が社会問題になっています。職場を管理するマネジャーには、メンタルヘルス不調者への適切な対応が求められます。

まずメンタルヘルス不調を発生させないためには、職場の風通しを良くする必要があります。そのためには、P59のような対応をとります。

ただ、ストレス耐性が弱い人はいますので、メンタルヘルス不調の発症を完全に防ぐのは困難です。発症を早期に発見し、欠勤・退職など深刻な状態にならないよう努めます。メンタルヘルス不調者を早期に発見するためには、メンバーの「いつもと違う」行動に気付くことです。服装が乱れる、あいさつに元気がない、不自然な言動が目立つ、といった些細な変化をマネジャーは見逃さないようにします。

「いつもと違う」と思ったら、まずはメンバーに声を掛けてよく話を聞くようにします。そして、産業医など社内外の専門家に相談するよう促します。

柴田さんのように、メンタルヘルス不調を恥じ、隠そうとするメンタルヘルス不調者がよくいます。不調をそのまま放置することのないよう、「大丈夫」と言われても、まずは相談に行かせることが大切です。

38 メンタルヘルス・ケア②

　柴田はメンタルヘルス不調と診断され、病気休暇で職場を離れた。
　2か月経って、柴田のメンタルヘルスは順調に回復した。見舞いに訪れた武田課長に対し、柴田は「一刻も早く職場に復帰したい」と明るく笑顔で話した。その直後、主治医が「病状が回復した」として職場復帰が可能という診断書を出し、職場復帰することになった。
　柴田の職場復帰に当たり、会社および労働安全衛生法のルールにしたがって、武田課長は産業医や人事部厚生課の担当者と協力して「職場復帰支援プログラム」を策定することになった。

問題　柴田さんの職場復帰プログラムの策定に当たり、武田課長はどのような点に注意するべきでしょうか。

第4章　能力とモチベーションを高める

① 職場復帰後の業務に対する本人の意向を確認する。
② まず負荷が軽い業務を与えて、職場に慣れさせる。
③ 短時間勤務など柔軟な勤務体制をとる。
④ バックアップ体制を整える。

解説

　メンタルヘルス問題では、不調者の発生を未然に防ぐのもさることながら、不調者に対するケア、とくに職場復帰を円滑に進めることが大切です。
　まず、職場復帰後の業務について本人の希望を確認しますが（①）、希望を100％受け入れてはいけません。柴田さんのように「一刻も早く職場に復帰したい」という人は、休業で職場に迷惑を掛けたことを申し訳なく思っており、そういう人は復帰後がんばりすぎて、不調を再発させてしまうかもしれません。
　本人の意向を確認するものの、②③④のように無理なく職場復帰できるように支援します。メンタルヘルス不調者に無理をさせず、時間をかけて段階的に復帰させていくことが大切です。
　なお、復帰者の対応については、厚生労働省・独立行政法人労働者健康福祉機構が「心の健康問題により休業した労働者の職場復帰支援の手引き」を公表していますから、ぜひ参考にしてください。

第4章のおわりに

　労働者のパフォーマンスは、能力とモチベーションによって決まってきます。

　モチベーションはともかく、「能力開発は働く者の自己責任だろ」という意見もあるでしょう。しかし、現代では、企業がメンバーの能力開発に責任を持つという考え方が主流になっており、マネジャーは本章で紹介したような方法で計画的にメンバーの人材育成を推進します。

　ただ、実際にメンバーの能力が伸びるかどうかは、メンバー本人の姿勢次第です。P77で指摘した通り、自ら進んで学べばどんどん能力が伸びる半面、いやいや義務的に学ぶのでは、どんなに高価な研修を受講しても能力は伸びません。

　哲学者ウィリアム・ウォードが素晴らしい言葉を残しています。

　　The mediocre teacher tells.（凡庸な教師はただしゃべる）
　　The good teacher explains.（良い教師は説明する）
　　The superior teacher demonstrates.（優れた教師は手本を見せる）
　　The great teacher inspires.（偉大な教師は学ぶ者の心に火をつける）

　ウォードによると、わかりやすく教えることよりも、学ぶ者に「もっと学びたい！」と思わせることが大切だということです。マネジャーは、指導者としてメンバーがより学びより良い仕事をしようという気持ちになるよう働きかける必要があります。

第5章
人事制度を運用する

マネジャーには、人事部門に代わってメンバーを管理する管理責任があります。企業は人事制度に基づいて活動しています。マネジャーは、人事制度をよく理解し、適切に運用する必要があります。
この章では、勤怠管理・人事考課・賃金などマネジャーが理解し運用するべき人事制度を検討します。

39 人材ポートフォリオと要員計画

　先月、人事部から営業支援課など各職場に要員計画作成の依頼が来た。
　要員計画とは、事業運営に必要な人材を量的・質的に確保し、配置するための計画のことで、共和製作所では、年に一度各職場で要員計画を作成し、必要人員数を人事部に申請することになっている。人事部は各職場の要員計画を取りまとめて、採用や異動などを行っている。
　依頼を受けた武田課長は、まずメンバーの業務内容や残業時間数など実態を確認した。業務多忙な担当者を中心にヒアリングをし、足りない人員数を見積もった。これらの情報を元に要員計画を作成し、業務多忙を理由に2名の増員を人事部に先週、申請した。
　ところが昨日、人事部人事課の齋藤課長から、「2名増員の申請は、基本的には却下です。これから部長に相談しますが、業務多忙というだけでは承認されないでしょう」と言われた。

武田課長の要員計画には
どのような問題点があるでしょうか。
問題点と改善の方向性を示してください。

解答 武田課長の要員計画は、業務実態だけを見て作成しており、営業支援課のあるべき人材ポートフォリオが明確になっていない。

まず、営業部の事業計画や営業支援課のミッションなどを踏まえて長期的な人材ポートフォリオの目標を作り、それに向けて必要な人員を申請するべきである。

解説 **要員計画**とは事業計画の実現に必要な人材の採用や配置、不要な人材の整理に関する計画のことです。小規模な企業ではトップや人事担当者が要員計画を作成しますが、一般的には共和製作所のように、各部署で要員計画を作り、人事部門に申請するという手続きを踏みます。

そのときポイントになるのが、要員数の妥当性です。マネジャーはどうしても「業務多忙だからもっと人手がほしい」という現場寄りの発想になりがちです。しかし、組織は事業を実現するために存在しますから、まず事業計画と部門のミッションを確認し、それを実現するための**人材ポートフォリオ**を明らかにする必要があります。

人材ポートフォリオとは組織における人材の組み合わせで、スキル・能力・役割・働き方など、どのような人材で組織を構成するかを構想します。武田課長は、「人材ポートフォリオを実現するために、2人増員してほしい」というロジックで申請するべきでしょう。

なお、ここでは職場レベルの人材ポートフォリオを取り上げていますが、全社・部門のレベルでも人材ポートフォリオの目標を作り、人材ポートフォリオを中心に人事施策を進める必要があります。

40 勤怠管理① 休憩

　代理店管理チームは、年2回開催している代理店大会の前は、非常に忙しい。とくに今回は、直前に大谷社長の都合で日程・内容が変更になったので、いつになく慌ただしい。

　大会開催を2週間後に控えたある日、チームのメンバーは朝から準備に追われ、正午の昼食時間になっても黙々と業務を続けている。心配になった武田課長が朝倉係長に声を掛けると、午後5時までに終わらせなければならない用件があるので、昼食を摂らずに業務を続けたいという。

　さすがに昼食抜きは健康に悪いので、昼食を摂るように指示すると、朝倉係長が提案してきた。

朝倉「では、誰かコンビニに弁当を買いに行かせて、作業しながら机上で食べさせたいと思います。それでよろしいでしょうか？」

　なお、共和製作所の始業は9時、終業は17時、昼休みは1時間の7時間勤務である。

問題　朝倉係長の提案に対して、武田課長はどう対処するべきでしょうか。

第5章　人事制度を運用する

解答　弁当を机上で食べるのは止めて、交替で45分以上の休憩時間を取るように。
　それが難しいなら、他のチームから応援を出すことにするので、申し出るように。

解説　マネジャーの役割に、職場の**勤怠管理**があります。勤怠管理とは、就業規則や労働法規に基づき、従業員の出社・退社・休憩・休暇などを管理することです。
　本ケースで問題になっているのは、休憩です。**労働基準法**では、休憩について次のように定めています。
①会社は労働時間の途中に休憩時間を与えなければなりません。6時間超の勤務なら45分以上、8時間超の勤務なら60分以上の休憩時間が必要です。
②休憩時間は従業員に自由に利用させなければなりません。
　朝倉係長の提案は①②ともに違反しており、武田課長は看過することはできません。解答のような指示をします。
　現実には、「まあそれくらい……」と見過ごすマネジャーが多いでしょうが、そういう小さな違反の積み重ねが、やがてブラック企業批判として跳ね返ってきます。勤怠管理は、杓子定規というくらい厳格に実施するべきでしょう。

41 勤怠管理② フレックスタイム制度

　共和製作所では、8年前からフレックスタイム制度を導入している。基本の就業時間は、始業が9時、終業が17時、昼休みが1時間の7時間勤務であるが、フレックスタイム制度では、10時から15時までをコアタイム（必ず出勤しなければならない時間）とし、コアタイム以外は従業員が自分で始業・終業を決定して週35時間勤務する仕組みである。なお、営業所ではコアタイムがない完全フレックス制になっている。

　外勤が多い営業所と違って、営業支援課は内勤で、チームで取り組む業務が多い。以前は、フレックスタイム制度を利用するメンバーはそれほど多くなかったが、このところ利用者が増えている。

　利用者が増えると、制度に対する抵抗感が薄まり、寝坊した、電車が遅延した、前日深酒をした、といった理由で始業時間を遅らせる者が増えている。

　なお、共和製作所のルールでは、始業時間の9時までにフレックスタイム制度の利用を申請することになっている（電話連絡も可）。このルールは徹底されており、メンバーは始業前にきちんと申請している。

 武田課長は、
フレックスタイム制度について
どのように勤怠管理を
改善していくべきでしょうか。

第5章　人事制度を運用する

① メンバー全員に、業務の効率化・生産性アップといったフレックスタイム制度の趣旨を徹底する。
② 前週までに翌週の制度利用の申請を行うようメンバーに依頼する。
③ ②の運用について人事部に報告する。同時に、もっと早めに申請してもらうよう制度見直しを提案する。

フレックスタイム制度など変則時間勤務やテレワーク（P153参照）が普及し、マネジャーには高度な勤怠管理が求められるようになっています。

フレックスタイム制度には、通勤の負担を軽減できる、適正な時間配分によって業務を効率化し、残業を削減できる、集中的に業務に取り組むことで生産性の向上や仕事の質が上がる、といったメリットがあります。反面、会議やチームワークを行いにくいことや、時間にルーズになりやすいことなどがデメリットです。

営業支援課のメンバーは、フレックスタイム制度を「楽ができる、だらけてもOKの制度」と誤解している可能性があります。まず、課内会議などの場で制度の趣旨を徹底します（①）。

当日朝に制度利用を申請するのは、共和製作所のルール上は違反ではありません。ただ、それでは会議やチームワークに支障が出かねません。命令でなく依頼ということになりますが、当日でなくもっと早めに申請してもらうようにします（②）。

こうした対応に問題ないかを人事に確認するとともに、当日申請可というのは明らかに間違った制度なので、見直しを依頼します（③）。

42 有給休暇取得

　10月第1週のある日、人事部人事課の齋藤課長から武田課長に内線電話があった。

齋藤「上半期の有給休暇取得率を集計したところ、営業支援課は21％で、全国の職場の中でワースト2でした。下期からは、有給休暇取得にしっかり取り組んでください」

　共和製作所では、6年以上勤務している従業員に年間24日の有給休暇が付与されている。営業支援課では上半期、平均5日の取得だった。

　早速、4人の係長に人事部から警告を受けたことを説明すると、皆「了解しました。取得率向上のために努力します」と返答した。同時に、大内係長は「大幅に取得率を上げるのは難しい」という否定的な意見を述べた。

　大内係長らによると、要員減でメンバーは皆多忙で、担当業務が滞って周りに迷惑を掛けないようにするために、有給が取りにくいらしい。

　また、販促キャンペーンや代理店大会の前や与信トラブルのときなど休日出勤があり、振替休暇が発生する。閑散期に休暇を取得しても、振替休暇から消化される仕組みなので、有給休暇までなかなか取得できない状況である。

問題 武田課長は、この状況にどう対処するべきでしょうか。

解答
① メンバー全員に対し、有給休暇取得の重要性を説明する。
② 交代で休暇を取得できるように、多能工化などバックアップ体制を整備する。
③ 武田課長が自ら率先して有給休暇を取得する。

解説
　近年、有給休暇の取得が推奨されるようになっています。しかし、日本企業の有給取得率は国際的に見て低く、営業支援課のようになかなか有給を取得できない職場が多いようです。

　企業が従業員の有給取得を推進すべきなのは、ワーク・ライフ・バランス（P155参照）で世間がうるさいからとか、法的に定められた労働者の権利だからというだけではありません。休みなく働き続けるよりも、適度に休んで体も心もリフレッシュする方が、業務の生産性が上がります。企業にとっても従業員にとっても、有給取得は良いことなのです。こうした有給取得の意義を伝えることが、まずマネジャーには求められます（①）。

　「そうはいっても忙しくて、有給どころじゃない」という意見が多いでしょう。そこで、マネジャーはバックアップ体制を整えるなど、有給を取得しやすい職場環境を整備します（②）。年がら年中忙しいという職場はなく、閑散期があります。閑散期にも有給を取得できないとすれば、有給取得がためらわれる職場の雰囲気があるということでしょう。マネジャーが自ら率先して取得すると、メンバーは安心して取得できるようになります（③）。

　なお、管理職に有給休暇を与えていない企業があるようですが、これは労働基準法39条に違反しています。

43 職場の安全衛生

　営業支援課は、東京都内の本社ビルの4階にある。ビルは駅から近く、4年前に新築されたので真新しい。ビル内に社員食堂が設置されたことや完全禁煙が実施されたことを含め、従業員には好評である。

　ただ、営業支援課のメンバーからは、オフィス環境に対する不満は多い。空調が夏期の冷房は28度、冬期の暖房は20度に温度設定されており、メンバーは、夏は汗だくになりながら、冬はひざ掛けをしながら仕事をしている。19時で空調が全館停止されるので、夏の残業時には上半身裸になる男性社員が現れる始末である。本社の空調関係は、電気料金削減のために、総務課が全社に発信した通達に基づいて管理している。

　先ほど武田課長は、毛利主任から相談を受けた。

毛利「私が退社した後、男性の皆さんが上半身裸になっているのは、『女は早く帰れよ』ってプレッシャーを掛けられているみたいで、不愉快です。あと、暑さで目まいがすることがあります。ルールというのはわかりますが、空調の設定温度は何とかならないものでしょうか」

　なお、本社ビルの空調は、部屋単位で設定変更が可能である。

 毛利主任の要望に
武田課長は、どう応えるべきでしょうか。

第5章　人事制度を運用する

① 上半身裸になるのは職場風紀上良くないので、厳禁する（罰則も決めて示す）。
② メンバー全員に、空調による体調・健康への影響を調べる。
③ 影響が軽微で、防寒・防暑の措置で対処できるなら、メンバーに措置をとってもらう。
④ 影響が深刻なら、人事部厚生課にも相談の上、総務課に特例措置を申請する。

職場の安全衛生管理は、職場責任者に与えられた重要な役割です。とくに製造業や建設業の作業現場では、身体の安全を最優先に業務を進める必要があります。

本ケースで武田課長は、総務課のコスト削減要求と毛利主任らメンバーの不満との板挟みの状態にあります。ただ、原則は単純で、作業現場だけでなく営業支援課のようなオフィスワークでも、安全衛生はすべてに優先します。マネジャーは、健康・体調に悪影響を及ぼさないように職場環境を整え、安全衛生を低下させない範囲で総務課のコスト削減に協力します。

この状況で武田課長は、まず空調による健康への影響を調べた上で（②）、悪影響があるなら総務課に特例措置を申請します（④）。コスト削減に協力するのは、悪影響がないとわかった場合だけです（③）。

総務課がどのような形の通達を出したのかは不明ですが、特例を認めないとか、安全衛生よりもコスト削減を優先する、といった内容なら、大いに問題です。安全衛生を所管する人事部門に相談すると良いでしょう。

44 人事考課①

　共和製作所では、年2回、人事考課制度の評価基準に基づき、各課で所属メンバーの人事考課を行っている。2段階の考課で、主任以下に対しては係長が1次考課者、課長が2次考課者、係長に対しては、課長が1次考課者、部長が2次考課者である。
　武田課長は、人事考課の結果を人事部に提出し、承認を得て、評価結果をメンバー一人一人に面談でフィードバックした。
　フィードバック面談の席上、北条主任から質問があった。
北条「かなり能力が劣るベテランの方と比べて自分の能力評価が低いように思います。絶対評価と言いながら、やはり年功序列の要素が大きいんでしょうか」
　共和製作所の考課基準は、絶対評価を基本としている。主任の場合、職能は「概略的な指示に従い、経験・熟練によって複雑な定型業務を遂行できる。また新たな業務課題を形成し、主体的に改善に取り組むことができる」と定義されている。
　武田課長は、絶対評価を心掛けて考課作業を行ったが、マネジャーの交替で評価が激変するのを避けるため、前任者の評価をかなり参考にした。そのせいもあって、有馬係長などベテランの評価が高く、北条主任のような中堅・若手の評価が低くなっている。

問題 北条主任からの質問に、武田課長はどのように対応するべきでしょうか。

第5章 人事制度を運用する

解答
① 考課作業を振り返って、武田課長のミスがあったなら評価を変更し、人事部に再提出する。
② 過去から年功的な評価をしていて、人事部門がそれを追認していたなら、人事部に運用方法を確認する。

解説

マネジャーの重要な役割に**人事考課**があります。人事考課とは、一定期間（半年とか1年）における配下社員の業務遂行度（業績）、取り組み姿勢（態度）、職務遂行能力（能力）を、職務行動を通じて観察し、判定する作業です。評価結果は、能力開発、報酬査定、昇進・昇格、配置・異動など幅広く活用されます。

一般に、人事考課制度は、次の5つの原則に従うべきだとされます。

・絶対評価：基準の絶対レベルを評価する（⇔相対評価）
・オープン評価：効果基準や評価結果を被考課者に知らせる（⇔非公開評価）
・プロセス重視：結果に至るまでのプロセスを重視する（⇔結果重視）
・分析的評価：総評に終わらず、良い点・悪い点を分析する（⇔総合的評価）
・加点主義：標準よりも良かった点を加点する（⇔減点主義）

たいていの企業では、人事部門が考課基準を策定していますから、各部署のマネジャーは、評価制度の考え方や基準を理解し、基準に則って考課作業を行います。

共和製作所のように、基準そのものは上記の原則に則っていても、運用が異なることがよくあります。全社に共通する職能資格の定義はどうしても曖昧な表現になり、考課者の主観が反映されたり、今回のように年功序列的な評価になってしまったりします。その場合、マネジャーは曖昧な状態を放置するのではなく、人事部に確認すると良いでしょう（②）。

45　人事考課②

　人事考課の作業を終えた武田課長は、人事部の基準・マニュアルに従ってメンバー一人一人と人事考課のフィードバック面談を行った。
　以下は、販売促進チームの松永主任とのフィードバック面談での会話（概略）である。
武田「今回の松永さんの評価はCマイナスでした」
松永「そうですか、たしかCが標準でしたが……」
武田「ええ、平均をやや下回っていますね」
松永「具体的にどのあたりが悪かったですか？」
武田「頑張って成果を上げた点もあるのですが、担当した3月のキャンペーンの顧客評価が低かったのが響いています」
松永「自分なりに頑張ったつもりですが……」
武田「まあ、業務課にいる同期の今川さんも頑張って高く評価されているみたいですし、松永さんも心機一転頑張ってください。」
松永「ええ、わかりました」

問題　武田課長の面談の進め方は不適切だと思われます。どこが不適切でしょうか。

第5章　人事制度を運用する

解答
・指摘に具体性が乏しい。
・良かった点を示していない。
・悪かった点について原因分析を求めていない。
・今後どう改善するべきかを示していない。改善を一緒に考えていない。
・同期と比較しており、絶対評価の原則を疑わせる。

解説
　P103でも紹介した通り、人事考課の結果は、能力開発、報酬査定、昇進・昇格、配置・異動に活用されます。
　マネジャーには、公正な考課作業を実施して報酬査定や昇進・昇格のための適切な判断材料を人事部門に提供することがまず要求されます。ただ、マネジャーの職場運営でそれ以上に重要なのは、メンバーの今後の業務改善や能力開発に役立てることです。
　人事考課をメンバーの業務改善や能力開発に繋げる上でポイントになるのが、フィードバック面談です。フィードバック面談では、ただ評価結果を伝達するだけでなく、良かった点・悪かった点を具体的に指摘し、原因を分析した上で、今後の課題を形成させるようにします。
　人間は、他人から受けた指摘にはなかなか納得できないものです。フィードバック面談では、マネジャーが一方的に問題点を指摘するのでなく、メンバー自身による振り返りを引き出すようにすると良いでしょう。

46 職能資格制度の運用

　共和製作所の人事制度は、1980年代から職能資格制度である。

　多くの日本企業と同様に、「主務→主事→主査→参事」と役職に関係なく従業員の能力評価する資格制度と「担当→主任→係長→課長→部長」と役職を序列化する職位制度の2本立てになっている。

　資格制度は、従業員の能力の変化を評価する能力主義だ。ただし、①学歴ごとに資格等級のスタートが決まっている（高卒なら主務1級、大卒なら主務3級）、②標準滞留年数（原則、同じ資格等級に2年滞留する）が設定されている、③標準滞留年数を経過するとほぼ全員が自動的に昇格し、原則として降格はない、という運用で、事実上年齢とともに資格が上がり、賃金が上昇する、年功序列賃金になっている。

　また、資格等級の定義は、「主務1級：高卒程度の知識と能力。上司の指示に従い、難易度の低い仕事を的確にこなす能力を有する」「主務3級：中程度の難易度の仕事を単独でこなせ、後輩に的確な指導をすることができる」など非常に曖昧で、現場の人事考課や能力開発ではほぼ無視されている。

　若手の間では、「仕事をしてもしなくても評価が変わらず、馬鹿馬鹿しい」「働かない中高年が優遇されており、公平性に欠ける」といった制度への批判が高まっている。

　批判を受けて、賞与に関しては成果主義的な要素が取り入れられた。しかし、月次給与の前提となる職能資格制度は変わっていない。

問題 現状の職能資格制度を営業支援課で運用する上で、武田課長はどのような点に留意するべきでしょうか。

解答
① 営業支援課の業務の実態に合わせて資格等級の基準をもっと明確・詳細に定義し、メンバーと共有する。
② 中高年社員に給与に見合った活躍をしてもらうよう、能力を再評価し、難易度の高い業務を与える。

解説
　日本企業の人事制度は、**職能資格制度**が主体です。本来、職能資格制度は能力主義なのですが、共和製作所のように硬直化し、事実上、年功主義になっている企業が多いようです。本来、人事部門が制度を見直すべきですが、見直しが行われていない状況で、現場のマネジャーは、職能資格制度の本来の趣旨に沿った運用をすることが求められます。

　職能資格制度では、従業員の能力が高まる→高度な職務を担える→業務活動が高度化する→大きな成果が出る、という因果関係を想定し、最初の能力を高めようとしています。ところが、人事部門が全社共通で適用できるよう資格等級を定義すると、共和製作所のような曖昧な定義になり、現場はどう対応すれば良いのかわからなくなります。

　そこで、現場の実態に合わせて資格等級を細かく定義し、それにしたがって業務目標設定・能力開発・評価を進めるようにします（①）。

　また、賃金カーブの見直しが進んでいない状況で若手の不満を抑えるには、中高年社員に給料に見合った働きをしてもらう必要があります（②）。

47 成果給の導入

　現在、人事部は、成果主義の導入を検討している。

　共和製作所では長年、職能資格制度であるが、年功序列的な運用によって中高年社員の賃金が高くなり、相対的に賃金を抑えられた若手が不満を募らせている。中高年社員の配分を減らし、若手への配分を増やすことで、人件費負担の軽減と組織活性化を実現するのが、今回の成果主義導入の狙いである。

　まだ検討の初期段階だが、人事部は、①年功部分を大幅に縮小し、業務で上げた業績によって次年度の給与を決める形にする、②管理職以上は年俸制にする、②営業部門など業績を把握しやすい部署から試験的に導入し、３年かけて全社展開する、といった構想を持っているようだ。

　伊達本部長・小早川部長経由で、武田課長に成果主義に関する営業部門としての意見・要望を取りまとめてほしいという依頼が来た。

問題 武田課長は、人事部に
どのような要望を出すべきでしょうか。

第5章　人事制度を運用する

① 売上高・新規開拓件数など業務で出した「結果」だけでなく、提案活動など結果を出すまでの「プロセス」も成果に含めるようにする。
② 個人での活動の成果だけでなく、チーム活動への貢献も評価の対象にする。
③ 営業部門から試験的に導入するのではなく、できれば全社一斉で導入する。

　　日本企業の人事制度は、長く職能資格制度が中心でしたが、1990年代後半以降、**成果主義**の導入が進んでいます。職能資格制度が年功序列化し、中高年の人件費負担が増加していることや組織の活力を奪っていることに対応するのが、成果主義導入の狙いです。

　ただ、成果主義を導入すれば従業員はより大きな成果を目指して頑張るだろう、と考えるのは短絡的です。厳格に成果を追求すると、成果が出にくい難易度の高い仕事に挑戦するのを避けるようになり、返って従業員の行動が消極的になるかもしれません。よく"日本型成果主義"と言われるように、アメリカ式の結果主義でなく、結果に至るプロセスも成果として評価するべきでしょう（①）。

　また、顧客ニーズが高度化すると、営業担当者が個人では対応できず、チーム体制で売る場面が増えてきます。これは、営業だけでなく、製造など他部門でも同様でしょう。個人の活動だけでなく、チームの活動も評価の対象とします（②）。

　なお、共和製作所のように、成果主義と親和性が高い営業部門から試験的・段階的に導入する企業が多いですが、営業部門の従業員は「俺たちはモルモットか」と被害者意識を持ちかねません。全社一斉展開するのが望ましいでしょう（③）。

第5章のおわりに

　この章では、マネジャーの立場で人事制度をどう運用するかを検討しました。

　職場によって、個々のメンバーによって、人事制度に対する認識・要望は異なります。全社・全社員を対象にした人事制度は、どうしても職場・メンバーの個別のニーズと合致しなかったりします。マネジャーは、職場・メンバーの状況をよく把握し、柔軟に運用する必要があります。

　一方、労働市場・法規制・職場環境は刻々と変化し、人事制度は時代遅れになっていきます。マネジャーは、人事制度を運用するだけでなく、人事制度の改善に向けて人事部門に働きかけることが期待されます。P108で武田課長は、成果主義の導入について人事部から意見を求められましたが、できれば武田課長の方から人事部に働きかけてほしいところです。

　人事部はマネジャーにとって"おっかない存在"で、「とても意見なんて言えないよ……」という企業が多いことでしょう。しかし、人事部や経営陣は現場のことがわからないので、人事制度について現場からの意見を求めているものです。

　マネジャーが人事制度の改善に向けて貢献するには、職場とメンバーだけでなく、自社の人事制度、さらには広く労働市場・法規制についても知る必要があります。部下を管理していれば十分ではなく、マネジャーには視野の広さが求められます。

第6章
個々のメンバーへの働きかけ

近年、職場でメンバーと働き方が多様化しています。マネジャーには、一律の杓子定規の対応でなく、個々のメンバーの違いに応じたマネジメントが求められるようになっています。

この章では、マネジャーが多様なメンバーにどのように働きかけていくべきかを検討します。

48 ダイバーシティ・マネジメント

　久しぶりに人事部の島津部長と飲み会になった。話が弾み始めたところで、ダイバーシティの話題になった。ダイバーシティ（diversity）とは日本語で「多様性」で、マネジメントでは「人材と働き方の多様化」を意味する。

　共和製作所では、近年、女性・高齢者・外国人といった人材の多様化、フレックス勤務・派遣労働など働き方の多様化を進めている。営業支援課にも女性が1名・派遣社員が1名おり、ダイバーシティとは無縁ではない。

島津「武田のところにも女性や派遣がいるけど、ダイバーシティについて武田はどう考えてるの？」
武田「率直に言うと、たいへんです。男性村の方が管理は楽ですね」
島津「どのあたりがたいへん？」
武田「意思統一を図るときなど、色々な考え方があって手間と時間がかかります」
島津「そうか、それはちょっと残念な考え方だな」

問題 島津部長が武田課長のことを「残念」と感じたのはなぜでしょうか。理由を推測してください。

第6章　個々のメンバーへの働きかけ

① ダイバーシティはイノベーションを起こすきっかけになる。ダイバーシティのメリットにも目を向けてほしかった。
② 困難な状況はマネジャーとして成長する良い機会であると捉えてほしかった。

　かつての日本企業は、中高年男性正社員を中心にまとまりのある一枚岩の組織でした。ところが、1990年代以降、雇用や働き方が多様化し、**ダイバーシティ・マネジメント**が注目を集めています。

　一枚岩の職場はメンバーにとって居心地が良いですし、1つの目標に向かって一丸となって進むときには大きな力を発揮します。マネジャーにとっても、マネジメントが容易です。ただ、一枚岩の組織は、環境変化に弱く、**イノベーション**を生み出しにくいと言われます。

　シュンペーターによると、イノベーションは「経営資源の新しい結合」です。つまり色々な経営資源の組み合わせを変えることでイノベーションは生まれるのであり、一枚岩の組織よりも多様性のある組織の方がイノベーションを生み出しやすいのです。

　「男性村の方が管理は楽」という武田課長の発言は事実ですが、ダイバーシティ・マネジメントは難易度が高い代わりに、得られるものも大きいのです。

49 ベテラン社員への働きかけ

　営業支援課の有馬係長は、営業部でのキャリアが25年に及ぶベテランである。市場分析など業務知識を持ち、分析力も高く、若い頃は営業部門きっての切れ者だと評価されていた。ところが、30代に営業担当をしていた頃に顧客対応でトラブルを起こし、人事評価を大きく下げてしまった。現在58歳で、管理職に昇格できないまま定年を迎えようとしている。

　有馬は係長だが、部下はいない。定型業務を持たず、部長・課長からの指示で特命業務を担当している。特命業務というと聞こえは良いが、武田課長は「若手メンバーの良いお手本になってくださいね」とお願いしている程度で、これといった業務を与えていない。

　担当業務が少ない有馬は、昼間は業界紙やインターネットを見て過ごし、定刻に退社する。求められれば若手にアドバイスをすることもあるが、自分から周囲に働きかけることはない。

　武田課長は、有馬の本音を知りたいと思うが、あまりじっくり話し合っていない。他のメンバーもプライドの高い有馬を持て余し、職場でも職場外でもあまり交流していないようだ。

問題 武田課長は、有馬係長にどのような指導をするべきでしょうか。

第6章　個々のメンバーへの働きかけ

解答　営業支援課の中で浮いた存在になっている有馬係長をメンバーとして融けこませる。そのためには、まず武田課長は有馬係長と面談し、本人の意向を確認する。

その上で、他のメンバーと同じく通常業務（ルーティンワーク）を与える。できれば1人で完結する業務ではなく、他メンバーと共同で取り組める業務が良い。

また、本人にこれまでのキャリアを振り返り、保有するスキル・ノウハウを整理してもらう。そして、有用なものについては、課内・部内で勉強会を開いて共有してもらう。

解説　超高齢化社会になって、職場でも中高年が増えており、対応が問題になっています。とくに共和製作所のような年功序列の色合いが濃い会社では、年上の部下はマネジャーにとって扱いにくい存在です。

有馬係長のような中高年社員は、自分の経験や能力にプライドを持っています。それにもかかわらず自分は会社から認められていないという鬱屈した気持ちがあります。それが周りに伝わり、他のメンバーと心理的な壁を作ってしまっています。

有馬係長に前向きな姿勢になってもらうには、職場での「居場所」を取り戻すように努めます。先輩だからといって特別視するのではなく、ルーティンワークを与えるのは一法です。また、自分の強みや経験を振り返ってそれを伝承することも、中高年社員が意欲を取り戻すには有効です。

もちろん、こうした対策が有効かどうかは、本人の性格や意向によります。解答のように、武田課長はまず有馬係長と面談し、本人の意向を確かめるようにします。

50 中途採用社員への対応

　人材採用は新卒の一括採用が中心で、中途採用は年1〜2名程度という共和製作所にあって、中川主任は営業支援課で唯一の中途入社である。2年前にコンサルティング会社から転職した。大内係長の下で販売促進業務を担当している。

　中川主任は仕事に対して自分なりの考え方を持っている。口数が少なく、普段は黙々と仕事をしているが、物怖じしない性格で、要所ではきちんと自分の意見を主張する。

　今朝、武田課長は、よく知っている総務部の長尾副部長から中川主任の言動について愚痴を聞かされた。

　販売促進チームは、総務部広報課と共同で企業広告（商品でなく企業自体を広告すること）の導入を検討しており、中川主任は検討メンバーの一員である。長尾副部長によると、中川主任は検討プロジェクトの会合で「導入ありきの議論になっている」「根回しなんて不要だ」「無駄な打合せが多過ぎる」などと、総務部の方針や検討の進め方に反する意見をたびたび述べていると言う。

長尾「君のとこの中川君て、中途入社なんだって？　道理でちょっとズレているよな。まあしっかり指導を頼むよ」

　小早川部長によると、中川主任は、それでも以前と比べてずいぶん大人しくなったそうである。

武田課長は中川主任にどのような指導・アドバイスをするべきでしょうか。

第6章　個々のメンバーへの働きかけ

解答
① 中途採用社員には、プロパー社員にはない専門性や斬新な視点を提供することが期待される。これからも遠慮せず、どんどん自説を主張してほしい。
② ただし、打合せや根回しなど業務の進め方については、批判・拒絶する前にまずはいったん受け入れて、一通りやってみてから変更を提案してはどうだろう。

解説
　2000年代以降、雇用が流動化し、若年層を中心に転職が盛んになりました。企業も、専門性のある中途採用社員を求めるようになっています。マネジャーは、中途採用社員だからといって特別な配慮は不要ですが、中途採用社員が働きやすい環境を作り、能力を生かすことが期待されます。

　まず、今回、企業広告という新たな取り組みの検討を中川主任に任せたのは、中途採用社員の専門性や斬新な発想に期待してのことでしょう。中川主任が少し大人しくなっているようなら、もっと自説を主張してほしいところです（①）。

　ただし、仕事の進め方や慣習については、いきなり正論をぶつけるのは得策ではありません。打合せや根回しなど、ムダなことをしているようでも、実はお互いの仕事の段取りを理解するための重要な時間だったりすることがよくあります。①の主張を相手に気持ち良く受け入れてもらうためにも、いったん仕事の進め方や慣習を受け入れる方が良いでしょう（②）。

51 女性社員への働きかけ

　毛利主任は入社11年目、32歳の女性社員である。

　男性中心で、女性は補助的な役割を担う共和製作所にあって、東京の有名私大を優秀な成績で卒業し、着実に実績を上げている毛利主任は、全社の女性社員や女性登用を進めたい人事部にとって希望の星である。本人もそのことを自覚していて、キャリア志向を持っていることを率直に表明している。

　毛利主任は5年前に結婚し、3年前に男児を出産した。現在、子供を自宅そばの託児所に預けている。

　ただ、職場での働きぶりは、他の男性社員とも、出産前の本人とも変わりはない。朝は8時前に誰よりも早く出勤し、精力的に仕事をする。たいていは17時の終業と同時に帰宅するが、キャンペーン準備など繁忙期には、他のメンバーと同じく残業する。

　朝と残業時の子供の託児所への送り迎えは、夫と近くに住む両親に頼んでいるらしい。会社にはフレックスタイム制や育児休業などの育児支援制度があるが、毛利主任はほとんど利用していない。

　毛利主任は、他部門の女性社員に「女性だからといって甘えていては、会社から認められない」と語っているようだ。

 武田課長は、毛利主任の働き方についてどうアドバイスをするべきでしょうか。

第6章　個々のメンバーへの働きかけ

解答
・会社は、能力や成果を中心に評価をするし、プロセスでも長時間労働はプラス評価にならないから、早朝出勤や残業をできるだけ控えるように。
・女性だから隙を見せてはならないと考えず、自然体でいるように。
・他の女性社員の手本になろうという姿勢は良いが、家庭や育児を犠牲にせず、会社の制度を活用して無理なく仕事をして認められてこそ、良い手本になる。

解説
　1986年に**男女雇用機会均等法**が施行されて30年が経ち、最近は**男女共同参画社会**が叫ばれていますが、今なお、共和製作所のように男性中心で、女性が活躍していない職場が多いようです。女性社員への働きかけは、マネジャーにとって難題です。

　女性社員にも、毛利主任のようにキャリア志向の強い女性もいれば、職場では補助的な役割で家庭生活を充実させたいという女性もいます。マネジャーは、「最近の女性はキャリア志向だ」「女性だから本当は補助的業務を望んでいるだろう」などと勝手に考えず、まず本人の希望を確認します。

　キャリア志向が強い場合、毛利主任のように肩に力が入って、無理をしてしまうことがよくあります。毛利主任は、「男性以上に頑張らないと評価されない」「隙を見せてはいけない」と考えているようですから、まず能力や成果を公正に評価することを約束し、安心して業務に取り組んでもらうことが大切です。

　共和製作所のような企業では、管理職として活躍している女性が少なく、女性社員は「ロールモデル（お手本）がいない」と言います。そのため、毛利主任のような有望株には、女性社員や人事部門から「ロールモデルになってくれ！」という余計なプレッシャーがかかります。無理を続けて評価されても、後続の女性社員は「ちょっと私には真似できない」と尻込みしてしまいます。毛利主任には、自然体で評価されてこそロールモデルとして価値があることを認識してもらう必要があります。

52　新人への働きかけ

　池田は、今年4月に入社した新人である。3週間の導入教育を経て、4月下旬営業支援課に配属された。現在、OJTリーダー（育成担当）である中川主任の下で、販売促進業務の補助をしている。

　池田はやる気があり、熱心に業務に取り組んでいる。基礎学力が高く、仕事の飲み込みは早い。明るい性格で、周囲のメンバーに溶け込んでいる。

　ただ、池田は、ケアレスミスが多い。データ集計での計算ミス、報告文書の誤字・脱字、電話のかけ間違え、といったミスが頻繁にある。しかも、同じミスを短期間で繰り返しおかしており、減る気配もない。

　本人は、ミスがある度に、「以後ミスがないように気を付けます」と反省している。中川主任も「まあ、新人のうちは何ごとも試行錯誤だから、ミスや失敗を気にする必要はないよ」と楽観的に捉えている。

中川主任の池田さんに対する育成・指導にはどのような問題があると推測されますか。

第6章　個々のメンバーへの働きかけ

・仕事の目的・意義・全体像を伝えていない。
・指示するだけで、コツや考え方を教えていない。
・一緒に取り組んでいない。
・メモを取ることを要求していない。
・ミスをしたときの原因分析をしていない。
（いずれも推測で、実際にそうなのか確かめる必要がある）

　まだ戦力化していない新人・若手は、マネジャーの職場運営にとって重荷です。しかし、会社の財産である新人・若手を育てることは、マネジャーの重要な責務です。

　新人には、基本業務を指示通りにきちんとこなせるようになることがまず期待されます。経験の浅い新人が仕事でミスをするのは当然です。ただ、ミスが繰り返され、減る気配がないのは大いに問題で、「新人のうちは試行錯誤だから」としている中川主任は、認識を改める必要があります。

　中川主任の育成・指導の問題点は解答の通りですが、大切なのは、社会人初期の重要な時期に、正しい仕事の進め方を習慣化させることです。業務で結果が出ればそれでよしとするのではなく、正しい仕事の進め方で成果を出すことが大切なのです。

正しい仕事の進め方
教え方○カ条
1.目的・意義・全体像を伝える
2.コツや考え方を伝える
3.一緒に取り組む
4.ミスの原因分析をする
5.○○○○○○○○○○
6.○○○○○○○○○○

53 中堅社員への働きかけ

柴田は、入社5年目の中堅社員である。販売促進チームで大内係長の下でキャンペーンの企画・運営などを担当している。

新入社員は営業所や工場の現場でスタートすることが多い共和製作所にあって、柴田は珍しく本社・営業支援課に配属された。当初は仕事の覚えが悪く、ケアレスミスで周囲に迷惑を掛けることが多かった。柴田はそのことを負い目に感じて、上司の指示を守って周囲に迷惑を掛けないようにすることに注力していた。

しかし、入社3年目から持ち前の発想力を生かしてキャンペーン企画で成果を上げるようになった。成果が認められて、自分の能力に自信を持てるようになると、徐々に積極的・能動的に業務に取り組むようになった。

キャンペーン企画では、厨房機器業界や顧客の飲食業界のトレンドを独自に分析し、他メンバーが思いつかないアイデアを披露する。アイデアが通らなくてもめげず、次々とアイデアを出す。日常の定型業務も、大内係長の指示通りでなく、自分なりのやり方を工夫して実施している。また、周囲のメンバーと一緒に仕事をする際は、誰よりも一歩先に着手することを実践している。

大内係長や周りのメンバーは「仕事が速く、率先垂範で行動する、できる男」と柴田のことを高く評価している。

 柴田さんが今後さらに成長するために、武田課長はどのような指導をするべきでしょうか。

第6章　個々のメンバーへの働きかけ

解答
① 独りよがりにならないよう、たまに業務の進め方・考え方を確認するよう促す。
② 業務に着手する前に、業務内容や進め方で改善すべき点を明らかにするよう促す。
③ 業務処理では、スピードや正確さだけでなく、効果の大きさを意識するよう促す。
④ 他メンバーと協力して成果を実現することの重要性を伝え、共同で仕事をする機会を増やす。

解説
　入社から4～5年を経過した中堅社員は、職場運営の中核的な存在です。事業・組織の状況がわかってきて、担当業務にも慣れて、実務を中心的に担うことが期待されます。
　一方、誰しも懸命に業務や能力開発に取り組む新人の頃と違って、能力・姿勢など大きな格差が出始める頃でもあります。向上心を失い、惰性で仕事をするようになる中堅社員もいれば、より良い仕事をするために前向きに努力し、成長し続ける中堅社員もいます。
　幸い、柴田さんは後者のようですが、自信を持ちすぎて「俺はスゴイんだ」と考え、柔軟性や成長意欲を欠くようになる懸念があります。武田課長や大内係長は、解答①②③のように、業務を処理するだけでなく、業務そのものを見直すことを伝えます。
　また、柴田さんのようなできる社員は、どうしても「俺が俺が」という態度になりがちです。一担当者の内はそれでも構いませんが、より大きな職務を担うには、他メンバーと協力して仕事を進める必要があります。柴田さんは、他人と協力して業務を進めるという発想が足りないようなので、武田課長や大内係長は意識改革を促します（④）。

54 コア社員への働きかけ

　有望な若手・中堅社員が集まっている営業支援課の中でも、とりわけ大内係長は将来を嘱望されている。営業部門のみならず、全社経営の一翼を担うようになってほしいと上層部から期待を集めるエリート候補である。

　大内係長は関西の国立大学を優秀な成績で卒業し、最初の2年間営業所に勤務した後、本社に異動し、営業部門や経営企画部門で活躍してきた。現在入社14年目で、来年あたり管理職に昇格する見込みである。

　これまで半年間一緒に仕事をしてきて、武田課長から見た大内係長の評は、一言「安心して仕事を任せられる部下」である。業務に対する理解力や情報を収集・分析する能力が高く、的確にチームを運営している。例外的・突発的な事態にも冷静に対応している。エリート面せず親身に部下の面倒を見ているので、メンバーは大内係長を兄貴分として慕っている。

　武田課長は、大内係長に関してはまったく心配せず、他のメンバーの問題に集中していた。それだけに、昨日、人事部・島津部長から大内係長の"育成"に関して問い合わせがきて、武田課長は戸惑った。
島津「大内係長を育成するために、武田さんは半年間どういう取り組みをしてきましたか？」

問題 （現在できているかどうかに関係なく）武田課長は大内係長の育成のためにどのように働きかけるべきでしょうか。

第6章　個々のメンバーへの働きかけ

解答　日常業務を超えて、営業支援課や営業部の改革に寄与するような挑戦的なテーマ（新規事業の開発、ビジネスプロセスの改革、組織風土の改革など）を与え、改革に向けて実際に取り組んでもらう。武田課長は、その結果をフォローし、経営人材としての成長の有無を本人や人事部にフィードバックする。

解説　最近、経営人材、つまり組織を中心的にけん引するリーダーの役割が注目されるようになっています。日本では、有望な人材を選んで高い役職に就けることには熱心でしたが、「地位が人を作る」と言われるように、経営人材を意図的に育てるという発想はありませんでした。しかし、2000年頃から、経営人材を育成する企業の取り組みが広がっています。

　経営人材の育成というと、候補者を社外のビジネススクールに派遣したり、選抜型研修を実施したり、といった施策を想起します。それらによって候補者が刺激を受けることも必要ですが、より大切なのは、仕事の中で事業・組織を変えるような取り組みをしてもらい、経験を通してリーダーとして必要な知識・スキル・マインドを養ってもらうことです（**アクションラーニング**と呼ばれます）。

　大内係長のように、経営人材候補は仕事ができるので、直属の上司はつい「よしよし」と満足してしまいがちです。しかし、将来経営を担うという観点からは、高い目標を掲げて挑戦し、成果を実現することを厳しく要求するべきなのです。

55 外国人社員への対応

　人事部人事課の齋藤課長から連絡があり、来年1月から半年間、外国人社員をトレーニーとして受け入れてもらうので、準備を進めてほしいという依頼があった。

　受け入れるのは、共和製作所のタイにある現地法人に勤務する32歳のタイ人男性である。タイなど東南アジア地域では近年、日本食がブームで、日本の高性能の厨房機器へのニーズが広がっている。タイの現地法人は、1999年に設立された生産拠点で、日本で設計した製品を製造しているが、今後は現地での販売を担えるように準備を進めている。

　今回、トレーニーを日本に派遣して、営業部に籍をおいて共和製作所の製品・販売システム、あるいは日本式のマネジメントなどを学ばせる。半年経ったら、タイに帰国する。

　本人は、簡単な日常会話ができる程度の日本語力らしい。ビザ・住居といった在住・勤務に必要な基本的なことは、人事課の方で対応する。

問題 　外国人社員を受け入れるにあたり、武田課長はどのような点に注意するべきでしょうか。

第6章　個々のメンバーへの働きかけ

解答
① 本人に日本滞在中の目標・活動計画、さらにキャリア計画を立てさせる。
② 外国人対応に慣れた特別メンター（できれば同国人）を配備する。
③ 課のメンバーに積極的な声掛けを促す。

解説
　　グローバル化の進展に伴い、外国人を雇用する企業が増えています。外国人社員の採用といっても多種多様ありますが、正社員の場合、大きく「国籍不問採用」と「ブリッジ要員」に分けることができます。ブリッジ要員とは、外国企業との橋渡しをする役割を求めて雇用する外国人社員で、今回はどちらかというとこちらに該当します。
　日本人と違って、外国人は意味のない業務や自分のキャリアと関係ない業務を嫌がります。現地法人は、「ちょっと日本に行って、本社の空気を吸ってこい」というくらいの意図で派遣しているかもしれませんが、日本での目標・活動計画やキャリア計画を立てさせるべきでしょう（①）。
　外国人が日本で仕事をする上で、言葉の壁とともに問題になるのが、職場での孤立です。日本の職場では、仕事や生活のことを相談できる相手がおらず、外国人社員が孤立してしまうことがよくあります。同国人の**メンター**（相談相手）を付けてあげる（②）とともに、職場のメンバーが積極的に声掛けをする（③）ことによって、孤立させないように配慮します。

56 派遣社員への働きかけ

　木下は、営業支援課でただ1人の派遣社員で、代理店管理チームに所属し、代理店情報の管理など補助的な業務を担当している。

　共和製作所では、人件費削減のために、正社員の削減と派遣社員の導入を進めている。工場での単純作業や本社・営業所での補助的業務は、できるだけ派遣社員に担当してもらう方針である。

　武田課長は、木下のことをまじめによく働いており、問題ないように思っていた。しかし、朝倉係長らチームメンバーは、木下を「気が利かない、融通が利かない、意欲がない」と厳しく評価している。

　木下は、終業時間になると、他のメンバーが残業していても、さっさと帰宅してしまう。代理店への連絡など対外的な業務については、「それはできません」と拒否することが多い。

　朝倉係長は、木下との契約を解除し、別の派遣社員に交替させることを希望している。

問題 武田課長は、この状況にどう対処するべきでしょうか。

第6章　個々のメンバーへの働きかけ

① 派遣契約の中で、どのように残業や付随業務を取り決めているかを確認する。不明な場合、派遣元に照会する。
② 残業・付随業務を引き受ける意思があるかどうか、木下さんの意思を確認する。
③ 残業・付随業務を木下さんにしてもらう必要があるか、木下さんが引き受ける意思があるか、の２点から、以下のように決定する。

	意思あり	意思なし
必要あり	必要があるなら契約を見直し、付随業務を引き受けてもらう。	木下さんの契約解除、交替を検討。
必要なし	付随業務をさせない。朝倉係長らに派遣の立場・役割を理解させる。	

　　近年、職場に**派遣社員**が増え、マネジャーには適切な管理が求められるようになっています。
　　派遣社員に対する指揮命令権は、派遣先企業（本ケースの場合、共和製作所）にあります。ただし、派遣社員に命じることができる業務は、原則として派遣契約で定めたものに限られます。契約で定めている以外の業務を命じることはできません。
　ただし、契約業務に付随する業務や周辺的な業務については、業務を命じるケースがあります。そういう場合、世間の常識や発生頻度によって、契約を逸脱してないかどうかを判断することになります。
　派遣社員と派遣先企業でよく起こるトラブルとして、仕事内容が契約内容と異なるというケースがあります。事前に派遣元会社と相談し、派遣社員の意思を尊重して合意する必要があります。付随業務などについては、しっかりと派遣社員に説明して理解を得ることがトラブル防止に繋がります。

57 若年社員のキャリア開発

　共和製作所では、入社3年目の社員を対象に中堅社員研修を実施している。入社3～5年目の中堅社員に中途退職者が集中したことに危機感を持った人事部が3年前に導入した。研修テーマは「キャリア開発」で、簡単に言うとせっかく採用し育ててきた中堅社員を辞めさせないようにすることが目的である。
　CDA（キャリア・デベロップメント・アドバイザー）の資格を持つ人事部の社員が講師を務めて、1日のプログラムで、①受講者のこれまでのキャリアの棚卸しと、②今後のキャリア目標の形成を行っている。
　過去3回中堅社員研修を実施したが、20歳代の中途退職者は減っていない。一昨年、受講した営業支援課の松平は、「キャリア目標を確立しろと言われて、まったくピンときませんでした」という感想を述べている。

問題

共和製作所のキャリア開発研修には
どのような問題があるでしょうか。
武田課長は、
松平さんら若手社員のキャリア開発を
どのように支援するべきでしょうか。

第6章　個々のメンバーへの働きかけ

解答　若手社員の中途退職を減らすというのは、研修目的としては不適切である。

キャリアの棚卸しをしても、職務経験が少ない若手にはあまり意味がない。棚卸しを元に形成されたキャリア目標も不適切なものになりやすい。

武田課長は、若手社員に能力開発目標を形成するように促し、自らの経験や名経営者の若手時代の経験を伝えるなどして、向学心を刺激する。

解説　共和製作所のように、若手社員の中途退職を防ぐために大慌てでキャリア研修を実施する企業をよく見受けます。しかし、中途退職の理由はキャリア目標の欠如だとは限らず、退職防止の効果はあまり大きくないようです。

キャリア研修では、これまでのキャリアの棚卸しと、それに基づく今後の目標形成を行うのが定番です。ただ、職務経験がまだ少ない若手には、この作業はあまり意味がありません。

若手社員にとって大切なのは、将来大きく飛躍するよう、キャリアの可能性を広げることです。そのためには、明確なキャリア目標を形成するよりも、能力開発の目標を形成するべきでしょう。

従業員の能力に最も大きな影響を与えるのは、仕事での経験です。ジョン・クランボルツの**計画的偶発性理論**（Planned Happenstance Theory）は、職業生活の中で偶然に学んだこと、経験したことを自身のキャリア形成に取り込んでいこうという考え方です。とくに若手のキャリア形成には、有効な考え方でしょう。

職場のマネジャーは、計画的偶発性理論の考え方を元に、若手社員が積極的に経験し、学び、キャリアの幅を広げるよう促すようにします。

58 中高年社員のキャリア開発

　共和製作所では、高度成長期から1980年代までに大量採用した社員が高齢化し、ポスト不足、人事異動の停滞、人件費負担の増大、職場の活力低下、といった問題が生じている。

　人事部は、賃金カーブの見直し、定年延長（60歳→65歳）、出向先の開拓といった対策を進めているが、抜本的な解決になっていない。

　このたび、人事部から各職場の責任者に対し、中高年社員のキャリアに関する通知文書が来た。通知文書には、上記のような背景と人事部の取り組みを紹介し、「各職場で中高年社員のキャリア開発に配慮してください」と対応を求めている。

　通知文書の"キャリア開発"はやや意味不明瞭だが、中高年社員が会社生活や家庭生活を充実させ、生き生きと働いてもらいたい、ということのようだ。

　営業支援課の中高年社員は、58歳の有馬係長である。分析能力など優れているが、昇進が遅れ、鬱屈した気持ちでいるようだ。特定の業務を持たず、課内では浮いた存在になっている。

問題 人事部の通知文書を受けて、武田課長は有馬係長にどのように働きかけるべきでしょうか。

第6章 個々のメンバーへの働きかけ

解答　有馬係長に対し、これまでの人生・家庭・会社生活を振り返り、今後の目標と計画を作ってもらう。

そのうち、会社生活について個人面談を実施し、目標・計画を共有する。面談では、現在の職場でどのような貢献をしたいのか、会社に何を残したいのか、といった点を明確にするよう求める。

解説　超高齢化社会になり、企業でも中高年社員への対応が重要な経営課題になっています。

日本企業では、年功序列で相対的に賃金水準が高かった中高年社員を狙い撃ちした賃金の引き下げが行われています。そうした中、中高年社員のモチベーションを維持して生き生きと働いてもらうのは、容易なことではありません。

適切な目標は、従業員のモチベーションを高めます。キャリア開発として、中高年社員に人生・家庭・会社生活の目標と計画を策定してもらいます。

中高年のキャリア開発では、ライフステージとキャリアステージの同期化がポイントになります。日本企業では、結婚し、家庭を持ち、家を建て、といったライフステージと、主任→係長→課長と昇格し職責が大きくなる、というキャリアステージが、40歳前後までは同期化（時期的に一致）しています。ところが中高年社員になると、若年層と比べてポジション・能力・健康・家庭などあらゆる面で格差が大きくなり、同期化が難しくなります。

ライフステージとキャリアステージを同期化させるには、会社生活だけでなく人生・家庭についても振り返ってもらうこと、職場の責任者が面談などきめ細かく対応することが大切です。

59 退職希望者への働きかけ

　1月のある日、小早川部長から別室に呼ばれた武田課長は、新人の池田が退職しないよう働きかけることを要請された。小早川部長が仕入れた情報によると、池田は会社を辞めるつもりで、すでに転職活動を始めているという。

　池田は、もともとマスコミ志望だったが、大学時代の就職活動では希望がかなわず、やむなく共和製作所に入社した。しかし、夢を諦めきれず、入社から8か月経って、転職活動を始めたようだ。

　池田は販売促進業務を担当しており、最近、めきめき仕事のスキルが上がってきた。先日も「仕事が楽しくなってきた」と明るく言っていただけに、武田課長にはショックだ。

小早川「新人が1年もたずに辞めるとなると、君の監督責任を人事から追及されるよ。何がなんでも思いとどまらせるよう対処してくれ。頼んだぞ」

 武田課長は、退職希望を持つ池田さんにどう対応するべきでしょうか。

第6章　個々のメンバーへの働きかけ

解答
① まず、池田さんに退職希望の真偽を確認する。希望していないなら、特段の対応をせず、ウォッチする。
② 退職を希望しているなら、理由を確認する。純粋にマスコミに転職したいという理由なら、引き留めをしない。
③ 人間関係や担当業務など職場の問題が原因なら、可能な範囲で対応することを約束し、退職希望について再考の余地があるかどうか確認する。

解説
　終身雇用と言われたのはいつの話やら、転職が当たり前の時代になりました。とくに20歳代の若手に対し、マネジャーは大半が何らかの転職希望を持っていると考えて、接する必要があります。

　以前は、小早川部長が求めているように、若手社員については「何がなんでも辞めさせるな」という対応が多かったようです。しかし、憲法第22条「職業選択の自由」は最大限に尊重されるべきであり、基本は引き留め工作をしません。強引な引き留め工作をしてそれが世間に知れ渡ると、ブラック企業批判を受け、会社が大きなダメージを被ります。

　入社1年未満で、やりたい夢があって転職するなら、そういう人材を採用した人事部に責任があります。武田課長を「管理責任を人事から追及されるぞ」と脅かした小早川部長は、引き留めの強要を指示していることを含め、大いに問題があります。

第6章のおわりに

　この章では、タイプの異なるメンバーにマネジャーがどう働きかけるかを検討しました。近年、日本企業でもメンバーと働き方が多様化し、マネジャーには的確なダイバーシティ・マネジメントが求められるようになっています。

　ダイバーシティ・マネジメントで前提になるのは、マネジャーがメンバーの個性を理解することです。人には個性があり、個性を生かして何かの形で組織に貢献できるはずです。

　また、多様性の価値を理解することも大切です。会社が定めた規則・マニュアルに沿って画一的に管理するのと違って、ダイバーシティ・マネジメントではメンバー・働き方の違いに応じた個別の対応が求められます。一般に職場運営の効率が悪化することから、「面倒なこと、厄介なこと」と捉えるマネジャーが多いことでしょう。

　しかし、違いがあることでメンバーは自分の強み・弱みが明確になり、今後の成長目標を立てることができます。P113でも紹介した通り、多様性はイノベーションの源泉になります。

　厄介ないことに義務的に対応するか、成長と変革のチャンスと捉えるか、マネジャーの姿勢が問われていると言えます。

第 7 章
新しい課題に対応する

グローバル化・IT化・雇用規制の改革などの変化によって、職場のマネジメントにはさまざまな新しい課題が生まれています。
この章では、SNS対応、セクハラ、コンプライアンスといった新しい課題にマネジャーがどのように対応するべきかを検討します。

60 社員のSNS利用

　ある日、武田課長に人事部人事課の齋藤課長から電話がかかってきた。「おたくの滝川主任がフェイスブックで問題ある書き込みをしています。適切に対処しておいてください」とのことである。

　早速、武田課長は、滝川主任のフェイスブックを確認した。大半は交友関係などの他愛もない投稿だが、先々週、「日本製の製品は、中国製の製品より性能・品質が高いと思われているが、ほとんど差はない。何割も高い金を払って日本製の製品を買う消費者はアホ」という趣旨の書き込みをしている。齋藤課長の言う「問題ある書き込み」とはこのことのようだ。

　書き込みは、前後の流れからも単なる一般論で、共和製作所の製品を連想させる要素はまったくない。「いいね！」が数十個付いているが、コメントは4つだけで、大きな反響を呼ぶ気配もない。

　共和製作所では、人事部からの通達で、社員がSNSで企業名を出すことを禁じている。ただ、それ以上の禁止事項などの規定はない。滝川主任は、フェイスブックで共和製作所の名前を出していないが、フォロワーの投稿などから、共和製作所の社員であることは簡単にわかる。

 この状況に武田課長はどう対処するべきでしょうか。

第7章　新しい課題に対応する

解答　滝川主任に、当該の書き込みを削除するよう依頼する（命令ではない）。
　　　　全メンバーに対して、SNSでは当社について誤解を招くような投稿を控えるよう、他社の事例を挙げて注意を喚起する。全国の営業所への注意喚起についても、上層部を交えて検討・実施する。

解説　フェイスブックやツイッターなどSNSが普及し、社員が広く社会に情報発信するようになりました。それにともない、今回のようなトラブルが急増しています。
　会社によっては、社員のSNS利用を禁じたり、規程を設けて利用を制限したりしています。ただ、憲法第21条「表現の自由」を会社が制限するのは問題があり、まだ企業の対応方法が定まっているわけではありません。
　今回、滝川主任はフェイスブックに共和製作所の名前を出していませんし、問題の書き込みの内容も、少し過激ではあるもののよくある一般論です。現時点では、大きな問題とは言えません。
　ただ、滝川主任が共和製作所の社員であることが容易にわかることから、問題の書き込みは、共和製作所の製品が品質的に劣っているのだという誤解を招く可能性があります。仮に反響が広がり、共和製作所のブランドイメージが傷つくようなら、（可能性は低いですが）滝川主任の責任が追及される事態に発展しかねません。したがって、命令ではなくあくまで依頼という形で、迅速に書き込みを削除してもらいます。
　今回、たまたま武田課長の身近なところで問題が発生しましたが、いつでもどこでも起こりうることです。本社営業部に所属する武田課長の立場では、滝川主任に対処するだけでなく、全国の営業所に注意喚起をすることが大切です。

61 セクハラ

　販売促進チームの毛利主任（女性・32歳）と佐竹（男性・26歳）は相性が悪く、お互いを嫌っている。
　毛利主任は、傍若無人で先輩を立てない佐竹のことを嫌い、「まったくかわいくない後輩。私の胸元をジロジロ見て、気持ち悪い」と他部署の女性社員に触れ回っている。それを伝え聞いた佐竹は、周囲の男性社員に「あんなオバハンの胸見たいわけないじゃん。いい歳こいて胸がはだけたブラウスって、逆セクハラだろ」と語っている。
　2人の上司である大内係長や営業支援課の他メンバーは、「まあまあ」という感じで苦笑いをしている。武田課長も、「もっと仲良くしれくれよ」と内心思ったが、特段の対応はしていなかった。
　ところが、今日、武田課長は、毛利主任と同期で総務部に所属する明智主任から、「毛利さんは佐竹さんをセクハラで訴えようと本気で考えているみたいですよ」と聞かされた。

問題　武田課長は、この状況にどう対処するべきでしょうか。

第7章 新しい課題に対応する

解答
① まず、毛利主任と面談して、「訴える」という真意を確かめる。
② 毛利主任に、佐竹さんを訴えても事態は改善しないことを教え、佐竹さんとの関係修復に努めるよう促す。
③ 佐竹さんとも面談し、毛利主任の関係修復に努めるよう促す。
④ 課のメンバー全員に、職場で性的な発言を控えるよう（相手を褒める場合を含めて）、注意を促す。

解説
　女性の社会進出が進み、職場でセクシャルハラスメント、いわゆるセクハラが問題になっています。**セクハラ**とは、職場で「相手の意思に反して不快や不安な状態に追いこむ性的な言葉や行為」を指します。
　セクハラ問題で難しいのは、"不快や不安"とは人の気持ちで、同じ人が同じ言動をしても、受ける人によって"不快や不安"の感じ方が違う、つまりセクハラになったりならなかったりするという点です。本件では、毛利主任が不快・不安を感じたと主張するなら、佐竹さんの言動がセクハラだと判断され、法的責任に問われるかもしれません（佐竹さんが言う逆セクハラは、毛利主任が毎日そういう服装でもない限り、セクハラと判断される可能性は低いでしょう）。
　ただ、毛利主任が佐竹社員を訴え、仮に佐竹さんが退職に追い込まれたとしても、毛利主任は会社の中で疎ましがられて働きにくくなり、むしろマイナスです。解答のように、関係を修復するのがベストの選択です。
　それよりも大きな問題は、営業支援課では性的な言葉が日常的に飛び交い、それを誰も問題視していないことです。武田課長は、今回の件を毛利主任と佐竹さんの個人的な問題と終わらせず、職場のモラルを改善するきっかけにする必要があります。

62 社外での不祥事

　6月の月曜日の午後、武田課長と同期で西東京営業所の細川係長から内線電話がかかってきた。細川係長によると、あるインターネットの掲示板で、営業支援課の松平が通勤電車で痴漢行為に及んで逮捕されたという書き込みがあったと言う。

　早速、その掲示板を確認すると、先週金曜日に松平が痴漢で逮捕されたと実名の書き込みがある。その後のレスポンスで、松平が共和製作所の社員であることが判明しており、「共和ってお堅い会社だと思ったのに、柔らかいんだね！」といった、会社を揶揄するレスポンスがいくつか付いている。

　たしかに松平は先週金曜日、始業前に電話連絡があり、体調不良を理由に休暇取得を申し出てきた。金曜日は休んだが、今日は出勤し、いつも通り精力的に働いている。

　なお、松平は入社5年目で、仕事ぶりは真面目だし、私生活でもこれまでトラブルを聞いたことがない。

問題 この状況に、武田課長はどう対応するべきでしょうか。

第7章　新しい課題に対応する

解答

① まず、松平さんに事実関係を確認する。
② ネット情報と①で得た情報を人事部など関係部署に報告する。
③ ネット情報が事実無根なら、法務部門に相談して、プロバイダーに書き込みの削除を依頼するなど対応をしてもらう。
④ ネット情報が事実なら、人事部など責任部署に松平さんの処分について判断を仰ぐ。

解説

　　従業員が会社を離れた私生活で起こした犯罪など不祥事を「私生活上の非行」と呼びます。社外での不祥事はプライベートのことですが、事実であっても無実であっても、会社に悪影響が及ぶようなら、会社として対処する必要があります（②）。
　本人の処分については、「私生活に干渉すべきでない」とし、会社としては処分をしないという判断と、「経営上大きな影響があり、看過できない」とし、処分を課すという判断が考えられます。ポイントは、不祥事が会社の経営に大きな影響を及ぼすかどうかです。痴漢は重い罰を受ける犯罪とまでは言えないでしょうが、マスコミに大々的に報じられ、会社の評価・ブランドなどに悪影響を及ぼすなら、何らかの処分を課すべきだと考えられます。
　本件は、現時点で会社に重大な悪影響を及ぼしているとは言えず、松平さんに会社が処分を課すことはないでしょう。ただ、重大かどうかは、武田課長ではなく、人事部・監査部など責任部署が判断することです（④）。

63 パワハラ

　ある日武田課長は、与信管理チームの福島主任から相談を受けた。内容は、直属の上司である浅井係長のパワハラについてである。
　与信管理チームは、浅井係長と福島主任を含む4名で、代理店や直売需要家の与信管理を担当している。
　福島主任によると、先日、福島主任が部内限りとなっている管理情報を営業所に流してしまうというミスを犯してしまった。ミスが発覚した翌日、浅井係長はグループのメンバーを集めて福島主任に経緯と今後の対応を説明させた。そして、全員の前で厳しい口調で「主任にもなって、いったい何をやっているんだ。しっかりしろよ」と福島主任を叱責した。
福島「これって、まさにパワハラじゃないですか。浅井さんに対し厳正な対処をお願いします」
　なお、武田課長の目から見て、浅井係長は温厚な性格で、職場で厳しい口調で叱責する場面はまったくない。

武田課長は、この状況にどう対処するべきでしょうか。

第7章 新しい課題に対応する

解答
① 「事実確認して対応する」として、福島主任にはこの場を引き取ってもらう。
② 福島主任の説明が事実なのか、浅井係長や他メンバーに確認する。
③ 法務・労務の担当部署に問い合わせて、今回の件はパワハラに該当しないことを確認する。
④ 浅井係長には、部下を叱責する場合、できるだけ皆の面前でなく個人的に行うように指導する。
⑤ 福島主任には②③④のような措置をとったことを説明し、理解を求める。

解説
　近年、パワーハラスメント（**パワハラ**）が問題になっています。パワハラは、2001年に作られた和製英語で、明確な定義はありません。「職場において、職務上の地位や影響力に基づき、相手の人格や尊厳を侵害する言動を行うことにより、その人や周囲の人に身体的・精神的な苦痛を与え、その就業環境を悪化させること」（『職場におけるパワーハラスメントの防止のために』(財)21世紀職業財団）と考えられます。
　上の定義から、上司の言動がパワハラに該当するかどうかは、①職場での出来事か、②職務上の地位や影響力に基づいているか、③相手の人格や尊厳を侵害しているか、といった点で総合的に判断されます。
　上司が部下の業務上のミスを叱責するのは当たり前で、それだけではパワハラには該当しません。他のメンバーの面前で叱責することも、指導の効果を高めるためなら、十分に許容されます。今回、問題になりそうなのは、「主任にもなって、いったい何をやっているんだ」という言い方が福島主任の人格や尊厳を侵害しているかという点でしょう。おそらくこの程度なら問題なさそうですが、武田課長は自分で勝手に判断せず、報告も兼ねて法務・労務の担当者（及び上司の小早川部長）に相談すると良いでしょう。

64　社員の健康増進

　共和製作所では、人事部厚生課を中心に、社員の健康増進に努めている。健康診断で社員の健康状態を把握し、職場単位で健康増進プログラムを策定させ、社員に食事の改善や運動による健康増進を推奨している。

　先ほど、人事部厚生課の担当者から武田課長に、佐竹の健康状態について連絡があった。健康診断の結果によると、佐竹は血圧・肝機能などの数値が悪く、しかもまったく改善が見られない。佐竹に健康増進に努めるよう指導してほしいとのことである。

　たしかに、佐竹は酒が大好きで、ほぼ毎晩飲んでいる。朝が弱いのか、前日の酒が残っているのか、朝食抜きで始業ぎりぎりで会社に駆け込むことが多い。タバコを1日2箱吸っている。

　早速、武田課長が佐竹に人事部厚生課からの警告を伝えたところ、佐竹は「はい、気を付けます」と言って、続けざまに次のように反論した。

佐竹「でも、酒やタバコで会社に迷惑を掛けていません。そもそも、個人の生活に会社が介入するのはおかしいと思います」

問題　武田課長は、佐竹さんにどう指導するべきでしょうか。

第7章　新しい課題に対応する

解答
① 始業ぎりぎりでの出社は、始業後しばらくは業務の生産性が低いはずだ。「会社に迷惑を掛けていない」という認識は間違っているので、改めるように。
② 社員の健康と生産性には強い相関があり、健康増進は企業の責務である。「健康は個人の問題」という認識は間違っているので、改めるように。
③ 朝食を必ず食べる、昼食は社員食堂で定食を食べる、タバコをニコチンの少ないものに変える、など小さなことから始めるよう約束させる。

解説
　　企業には**労働安全衛生法**に基づき、社員の健康状態を管理する義務があります。さらに国は、企業に社員の健康増進への支援を奨励しており、健康管理は企業・マネジャーの課題になっています。
　佐竹さんのように、「健康かどうかは個人の勝手」という考え方もあります。ただ、従業員の健康増進が業務の生産性を高め、企業にとって大いにプラスになります。従業員の職務能力を高めるために研修を受講させるのと同様、健康増進は会社にとって責務なのです。
　まず、佐竹さんには、自分の生産性が低いこと（①）や健康増進は会社の責務であること（②）を認識してもらう必要があります。
　健康増進には生活習慣を変えることが大切ですが、何ごとも良い習慣ほど長続きしません。あまり無理をせず、まずは小さなことから始めて、段階的に改善していくと良いでしょう（③）。

65 コンプライアンス

　先月、滝川主任のフェイスブックへの投稿が問題になったので、武田課長は再び覗いてみた。すると、武田課長もよく知っている大手代理店の社長と滝川主任が飲み屋で一緒にいる写真が投稿されていた。
　滝川主任は営業部に異動になる前、その代理店の営業担当をしていて、社長とは旧知の間柄のようだ。
　共和製作所では、3年前から代理店などすべての社外関係者から接待を受けることを禁じているので、早速、武田課長は滝川主任に事実関係を確認した。滝川主任は、社長が飲食代を負担したことをあっさり認めて、次のように反論した。
滝川「軽く居酒屋で飲んだだけで、金額にすると2人で1万円もいっていないと思いますよ。社長とはとくに関係もなく、接待っていうものではありません。だいたい今でも営業所では、この程度のお付き合いは普通にやっていますよね」

問題 この状況で、武田課長はどう対処しますか。

第7章 新しい課題に対応する

① 滝川主任に対し、負担してもらった飲食代金を社長に返金させる。
② その上で、コンプライアンスを主管する部署に「支払い忘れがあったが、即座に返金した」と事実関係を報告する。

2000年代から、企業でさまざまな不祥事が発生し、**コンプライアンス**（法令遵守）が重要課題になっています。総会屋への利益供与や食品安全衛生問題が世間を騒がせますが、職場でもコンプライアンスは身近な課題です。

マネジャーは、職場でコンプライアンスを発見したら、早期に対応する必要があります。法的な問題が絡むことが多いので、自分で判断せず、コンプライアンスを主管する部署に相談します。

ただし、職場でよく起こる軽微なコンプライアンス違反をどう取り扱うかは、悩ましい問題です。このケースでは、飲食代金を返金させるのは当然です（①）が、上司としての親心から「まあ、小さな問題だし、解決したんだから、いちいち報告するのはかわいそうだ」と、報告をしない場合が多いのではないでしょうか。

そういう対応でたいてい問題ないのですが、報告せず後でコンプライアンス違反が発覚すると、滝川主任だけでなく、武田課長の監督責任も問われます。支払い忘れで返金した、ということなら滝川主任のキャリアに傷が付くこともないでしょうから、事後報告をするのが得策でしょう（②）。

66 性的マイノリティへの対応

　ある日武田課長は、大村主任から「個人的なことで相談したい」と言われた。別室で話を聴くと、自分はゲイ（同性愛者）だと大村から告白（カミングアウト）された。
大村「会社ではまだ誰にもゲイであることを知らせていません。でも、こういうご時世ですし、社外では一部公表していますから、社内で広まる前にきちんと公表するべきでしょうか」
　大村主任は、入社9年目の男性である。仕事ぶりはまじめで、評価は高い。人間関係は男女関係なく良好である。本人によると、社内では「大村さんてオカマっぽくて気持ち悪い」といった差別的なことを言われたことは一切ないという。
　大村が言う"こういうご時世"とは、2015年から性的マイノリティ（ゲイ・レズビアン・バイセクシュアルなど）に対する社会的関心が急速に高まっていることを指す。
　共和製作所には、性的マイノリティを対象にした制度はない。性的マイノリティであることを公表している社員もいない。武田課長の印象では、性的マイノリティに対する理解は低い。

問題　武田課長は、この状況にどう対処するべきでしょうか。

第7章 新しい課題に対応する

解答
① 社内で性的マイノリティに対する理解がない状況でカミングアウトすることは、周囲の差別的な言動を引き起こす可能性がありリスクが大きい。カミングアウトする・しないは大村主任の自由だが、武田課長は積極的には勧めない。
② 武田課長は、大村主任の名を伏せて、人事部に対して、性的マイノリティへの差別禁止の明文化や福利厚生施設の利用許可などの対策を提案する。

解説
　2015年以降、**性的マイノリティ**、いわゆる**LGBT**が社会的な注目を集めています。LGBTとは、女性同性愛者（レズビアン、Lesbian）、男性同性愛者（ゲイ、Gay）、両性愛者（バイセクシュアル、Bisexual）、性同一性障害を含む性別越境者（トランスジェンダー、Transgender）などの人々を意味します。13人に1人がLGBTであると言われ、企業は対応を迫られています。
　LGBTの社会的な認知は高まりつつありますが、共和製作所のように、差別こそないものの、特別な対応をしていない企業が多いようです。そういう場合、マネジャーとしては大きなリスクを冒すわけにはいかないので、カミングアウトは勧めないのが得策でしょう（①）。
　ただ、大村主任にとって不安な状況が続きますから、武田課長は会社の対応を変えるように働きかけます（②）。

67 テレワーク

　共和製作所の人事部では、テレワークの全社展開を検討している。テレワークとは、決められた時間に出勤するのではなく、ITを活用して時間や場所の制約を受けずに柔軟に働く勤務形態である。共和製作所では、営業担当者に対しては４年前からテレワークを導入しており、今回は、本社や工場に勤務する従業員に対しても導入しようという試みである。

　来年度からの導入に先立って、人事部は制度運用の詳細を検討しており、本社各部の実態調査をしている。

　このたび、小早川部長経由で武田課長に、テレワークに関する営業部の人事部への要望を取りまとめるよう依頼が来た。

　なお、共和製作所のIT環境は、イントラネット・電子メール・テレビ会議など一通りのものは揃っているが、他社と比べてそれほど先進的というわけではない。

問題　武田課長は、テレワークに関してどのような要望をするべきでしょうか。

第7章 新しい課題に対応する

① 社外会議機能など、双方向型のコミュニケーションを可能にするIT環境を整備してもらう。
② 勤務時間や忠誠心よりも、能力や実績を中心に公正に評価するよう、人事評価制度を見直してもらう。
③ 情報セキュリティ問題の防止策や問題発生時の対応を検討してもらう。

　　通勤時間の短縮、営業活動の効率化、ワーク・ライフ・バランスの推進（P155参照）、オフィススペースの節減などを目的に、テレワークを導入する企業が増えています。

　外回りが多い営業担当者は、**テレワーク**導入で大きな効果を期待できます。しかし、チームワークで進める業務が多い本社部門や工場に導入するのは容易ではありません。

　IT環境を整備すれば、テレワークでもかなりの業務をこなせます。ただし、本社スタッフの場合、意思決定や調整といった対人業務の比重が大きく、ITで双方向型のコミュニケーションを可能にする必要があります（①）。

　日本企業では、能力主義・成果主義と言いながら、長時間勤務しているかどうかで部下のやる気や忠誠心を確認することが珍しくありません。テレワークでは、マネジャーが部下の勤務時間の管理や行動に基づく評価が難しくなることから、評価制度を明確にする必要があります（②）。

　また、テレワークでは、顧客情報や社内の技術情報などのセキュリティ問題がより顕在化しやすいので、対応が必要です（③）。

　なお、実際にテレワークが導入されたら、マネジャーは、コスト・効率性・リスクなどを勘案して、会社でやるべき業務とテレワークでやる業務を適切に切り分ける必要があります。

68 ワーク・ライフ・バランス

　黙々と仕事に打ち込む真面目人間が多い営業支援課にあって、丹羽主任はかなり異質な存在だ。職場では常に明るく、活動的である。気軽に周囲のメンバーに話しかけ、ムードメーカー的な役割を果たしている。そして、終業時間になると、笑顔で「お先に失礼しまーす！」とあいさつし、即座に退社する。

　会社を出た丹羽主任の行動は謎だったが、SNS情報によると、社外での異業種交流会や勉強会に精を出しているようだ。また、出身大学の同窓会組織の幹事をしているようで、平日夜はなんやかやと社外の誰かと会っているようだ。

　丹羽主任は、頭の回転が速く、仕事は正確・迅速だ。ほとんど残業しないが、仕事が滞ったり、他メンバー・他部門に迷惑を掛けたりすることはない。

　ただ、武田課長の目から見て、社内での丹羽主任は、仕事でも人間関係でももう一歩踏み込んでいないように感じる。丹羽主任が自ら「これをやりたい」と申し出てきたことはないし、親身に若手の相談相手になっている様子を見たことがない。

問題　武田課長は、丹羽主任にどのように働きかけるべきでしょうか。

第7章　新しい課題に対応する

解答　まず、丹羽主任と面談して、仕事に対する想いや仕事に向き合う姿勢を確認する。

社外活動よりも仕事を重視していると言うなら、その気持ちがメンバー伝わっていないので、ストレートに自分の考えを伝えるようにアドバイスする。

社外活動を重視しているようなら（と、ストレートには言わないだろうが）、社外と社内を明確に切り分けるのではなく、社外活動から得られた知見をメンバーに積極的にフィードバックするようアドバイスする。

解説　かつて日本では、企業が家庭生活まで含めて従業員を丸抱えしていましたが、ワーク・ライフ・バランス（Work and Life Balance、仕事と家庭生活の調和）が注目を集め、家庭生活や社外活動と仕事をどう調和させるかが大きな課題になっています。こうした急激な変化に戸惑い、丹羽主任のような部下への対応を図りかねているマネジャーが多いことでしょう。

ワーク・ライフ・バランスと言うと、会社の内と外をきっちり切り分けること、あるいは仕事はほどほどに済ませ、家庭生活や社外活動を充実させることだと思われがちです。しかし、家庭生活や社外活動を充実させることで仕事の質が高まっていくのが、ワーク・ライフ・バランスの理想の状態です。

丹羽主任の場合、明らかに仕事と社外活動が分離しており、充実した社外活動が仕事に生かされていません。解答のように、武田課長はまず、丹羽主任のワーク・ライフ・バランスに対する誤った認識を解く必要があります。

第7章のおわりに

　この章では、パワハラ、SNSの利用、テレワークなど、職場のマネジメントで近年注目を集めているアップデートな課題について検討しました。

　マネジメントの対象となる人間の性格・特徴・行動パターンは昔から変わりませんが、組織を取り巻く環境は大きく変わります。環境変化に対応して、新たなマネジメントの課題が次々と現れます。5年後、10年後には、本章で取り上げたこととまったく異なる課題が現れていることでしょう。

　マネジャーにとって大切なのは、世の中のトレンドに広く関心を持ち、コモンセンス（常識・良識）を磨いておくことです。

　本章で紹介したケースについて、皆さんは独自の意見（持論）をお持ちでしょう。たとえば、滝川主任のSNS利用について、解答とは違って、「私生活の自由は最大限尊重されるべきであり、被害が及ばない限り会社は静観するべきだ」といった意見があるかもしれません。

　それはもっともな意見ですが、こういう問題には色々な意見があり、絶対の正解はありません（法的に問題がある場合に"不正解"はあります）。あくまで社会的常識に従って判断するべきです。つい最近までサービス残業が放置されていたように、会社のルール・規則・慣行が間違っていることもよくあります。

　マネジャーは、自分の意見にこだわり過ぎず、会社のルール・規則・慣行を鵜呑みにせず、コモンセンスを磨いておくことが求められるのです。

第8章
マネジャーとして進化する

マネジャーは、組織やメンバーを成長させるだけでなく、自分自身が成長し、ワンランク上の仕事をすることが期待されます。
この章では、上司のマネジメント、経営への提言といった発展的な課題への対応やリーダーシップ・スタイル、経営知識といったマネジャー個人の課題について検討します。

69 学習する組織を作る

　営業支援課の業務は、①代理店情報の管理のように、実施内容が決まっていて反復的に行われる業務、②年次販促キャンペーンや代理店大会のように、実施することは決まっているが、内容はその都度異なる業務、③与信トラブルへの対応のように、実施するかどうかも内容も決まっていない業務、という3種類に分けられる。

　近年の市場環境の変化から、①よりも②が、②よりも③が増加し、重要性も増している。ところが、武田課長の印象では、営業支援課は①はかなり効率的に実施しているが、②と③は十分に対応できていない。また、決められたこと以外には対応しようとせず、自発的な行動が足りないように見える。

　その原因として、メンバーの視野が狭く、組織内外の情報に対する感度が低く、能動的に情報を取りに行って学習するという姿勢が足りないように感じる。また、そもそもの仕事のやり方や考え方について議論することが少ない。

　小早川部長から、「営業支援課の皆さんはまじめだけど、もっと社外のことに目を向けて、色々なことを学んでほしいですね。経営学では"学習する組織"という考え方があるから、武田さんもぜひ参考にしてみてください」と言われた。

　学習する組織とは、「人々が継続的にその能力を広げ、望むものを創造したり、新しい考え方やより普遍的な考え方を育てたり、人々が互いに学び合うような場」という考え方である。

 学習する組織を作るために、武田課長はどのようにメンバーに働きかけるべきでしょうか。

第8章　マネジャーとして進化する

解答
① メンバーが主体的に取り組める良い仕事を与える。良い仕事とは、前向きな仕事、楽しい仕事、責任の大きな仕事、社会・企業にとって意義のある仕事、従業員のキャリア開発に役立つ仕事である。
② メンバーがプロセスを重視し、正しいプロセスを踏んで行動するように指導する。
③ 学習・意見交換する「場」を設けて、情報収集、問題意識の共有、解決策の立案といった問題解決プロセスを共同で行わせる。
④ メンバーが学習と行動の範囲を広げる取り組みを推奨・評価する。

解説
　近年、**学習する組織**という考え方が重要になっています。環境変化の激しい時代には、いかに環境変化に適切・迅速に対応できるかが、組織の盛衰を決めます。学習する組織とは、個人と集団レベルの継続的な学習によって、成長し、変化に柔軟に対応できる組織のことです。

　学習する組織を作るには、メンバーが学習してより良い仕事をするようマネジャーが働きかけ、サポートする必要があります。メンバーが与えられた業務をこなして満足するのでなく、主体的に新しいことに挑戦することが大切で（①）、そういうメンバーの行動を評価する必要があります（④）。

　また、組織として学習をレベルアップさせるには、メンバー同士がお互いに刺激し合う「場」を持つことが有効です（③）。課内会議のようなフォーマルな場よりも、自主的な勉強会などインフォーマルな集まりの方が効果が大きいと言われます。

70 上司のマネジメント

　武田課長の上司である小早川部長は、営業部門一筋28年のベテランである。

　営業所での経験が長く、市場・顧客のことなど社内きっての情報通だ。社外だけでなく、社内の人脈も幅広い。明朗快活な性格で、他部門の若手にも人気がある。フットワークが軽く、時間があれば代理店・直売需要家や営業所に気軽に足を運んで、情報交換をしている。

　ただ、武田課長にとって、上司としてやりにくさを感じることが多い。小早川部長は、伊達本部長など上層部からの指示・依頼をそのまま武田課長に流す。武田課長から上層部に報告や提案を上げるときも、ほぼノーチェックで上層部に上げる。武田課長が自分の好きにできるのは良いが、背景・趣旨などの説明がないので方向性の違った検討・説明になり、後になって伊達本部長などから「そういうことをお願いしたんじゃないのだが……」とやり直しになることが多い。

　武田課長は、営業所にいた頃から小早川部長のことを個人的に知っていたが、まだ胸襟を開いて仕事の悩みを相談できる関係ではない。

問題　武田課長は、小早川部長との関係をどう変えていくべきでしょうか。

第8章　マネジャーとして進化する

解答　仕事を受けるときには、小早川部長と一緒に依頼者から説明を聞くようにする。報告・提案するときは、小早川部長と一緒に行う。

　また、小早川部長の社内人脈を生かして、他部門とのネットワーク作りや渉外などを担ってもらう。

　そういう仕事の進め方ができるよう、武田課長は「自分をレベルアップさせるために一緒に仕事を進めたい」と小早川部長への期待を表明する。

解説　マネジメントと言うと、部下をいかにコントロールするかという点に関心が集中しがちです。しかし、上司との関係がマネジャーの活動に大きな影響を与えることは明らかで、上司もマネジメントの重要な対象です。

　私たちは、自分の思い通りにならない相手に対し、相手を「変えたい」と思います。しかし、会社組織で部下が上司を変えるのはなかなか困難です。上司を変えようとすることよりも、上司と良好な関係を築き、上司との間で適切な役割分担や共同作業をすることを目指すべきでしょう。

　上司にも、得手不得手があるはずです。小早川部長の場合、ネットワーク作り得意で、調整するのは不得意なようですから、こうした特徴を考慮して役割分担・共同作業をします。

　上司をマネジメントする上で大切なのは、信頼関係です。解答に挙げたような働きかけとともに、日ごろから報連相をする、手柄を共有する、といったことを心掛けるようにします。

71　経営への提言

　本日、経営企画部の三好部長から武田課長に連絡があり、次期中期経営計画を策定するにあたり、要望事項の提言を求められた。

三好「厳しい経営環境を踏まえて、次期中期経営計画では思い切った改革を進めるつもりです。営業所と本社を経験されている武田さんには、是非忌憚のないご意見を寄せてもらえればと思います」

　共和製作所では、3年おきに向こう3年間の中期経営計画を策定している。今年は3年計画の最終年度で、経営企画部ではこれから次期中期経営計画の検討に入る。検討にあたって各部の主要メンバーから非公式に要望事項を打診するというのが、今回の依頼の趣旨のようだ。

　依頼を受けた武田課長は、以下のような要望事項を文書で取りまとめて提出した。

　「中期経営計画には、非現実的な目標が多いように感じます。その原因として本社が営業の現場の実態を十分に把握していないことが挙げられます。本社と営業所のコミュニケーションを深めることを要望します」

武田課長の要望は、不十分だと思われます。
どのような点が不十分かを
指摘してください。

第8章　マネジャーとして進化する

- 本社と営業所のコミュニケーションの改善は、何らかの目標達成のための手段である。手段だけでなく、目標そのものに関する要望がほしいところである。
- 本社と営業所という社内の話だけでなく、営業担当として市場・顧客・競合に着目した要望がほしいところである。
- 改善的な提案だけでなく、改革的な提案もほしいところである。

　部下に指示・命令を下すことがマネジャーの役割だと思いがちですが、組織の上層部に提言し、経営の変革を促していくことも、重要な役割です。

　今回は経営企画部から要望事項の依頼が来ていますが、依頼を受ける前に武田課長自ら提言するのが理想です。

　こういう上層部への提言では、マネジャーの経営に対する問題意識が試されます。日ごろから職場だけでなく、事業・会社全体についてあるべき姿を考えるようにすると良いでしょう。

　武田課長の提言は、間違ったことを言ってはいませんが、ややミクロ的で、物足りない内容です。解答のように、手段だけでなく目的を考える、社内の話だけでなく市場・顧客・競合について考える、改善だけでなく改革について考える、という姿勢が期待されます。会社の厳しい状況を考えると、既存のオペレーションの改善よりも、事業そのものの改革に繋がる提言がほしいところです。

72 リーダーシップ・スタイル

営業所勤務時代の武田課長は、率先垂範の行動をモットーとしていた。また、同僚にも厳しく叱咤することが多かった。

しかし、営業支援課の管理職になってからは、自分が前面に出て組織を引っ張るよりも、メンバーを生かすマネジメントを心掛けている。

業務の指示を出すのではなく、まずメンバーに何をすべきか考えてもらう。ミーティングでは、できるだけ発言を控えて、メンバーの発言を促し、最後に必要最少限のコメントをするようにしている。

武田が行動を変えるきっかけになったのは、課長昇格後に受講した課長研修である。外部講師は、「近年のリーダーシップ論では、俺が俺がという強いリーダーシップよりも、メンバーとの関係性を重視し、メンバーの主体性を引き出す"ソフトなリーダーシップ論"が主流になっています」と説明していた。

しかし、先日、部内管理職の飲み会の席で研修内容の話になったところ、伊達本部長から「その講師の言うことはもっともなんだけど、個人的にはちょっと物足りなく感じるなぁ」と言われた。

問題 伊達本部長の「物足りない」というコメントを受け、武田課長はどのように行動を変えるべきでしょうか。

第8章　マネジャーとして進化する

解答　日常業務を遂行するには講師が言うソフトなリーダーシップが有効だが、大きな改革を進める場面では、強いリーダーシップが必要になる。

　営業所勤務しかない武田が本社の課長に抜擢されたのは、大きな変革を進めることを期待されているのであろう。要所では、強いリーダーシップで強引に改革を進めると良い。

解説　リーダーが組織のメンバーに対してどのような行動をとるか、をリーダーシップ・スタイルと言います。色々な**リーダーシップ・スタイル**がありますが、仕事・業績中心か、人間・関係性中心か、という区分がよく行われます。

　近年は、講師の説明の通り、ソフトなリーダーシップ論が主流になっています。リーダーはサーバント（召使）としてメンバーの行動を支えるべきだという**サーバント・リーダーシップ**論やリーダーそのものよりもメンバーのあり方に着目する**フォロワーシップ**論などです。

　職場で決められた仕事を効率的にこなすには、ソフトなリーダーシップでまとまりのある集団を作るのが適切です。しかし、職場のあり方を改革するような場面では、強いリーダーシップが必要になります。メンバーとの関係性を重視しすぎると、思い切った改革はできません。

　共和製作所の現状では、営業のあり方や営業部の仕事の進め方に大きな変革が必要で、武田課長が抜擢されたのは変革を期待してのことでしょう。実際の意図はわかりませんが、武田課長はそういう受け止めをする必要があります。

73 経営知識

　武田課長は、人事部人事課から中途採用の応募者との面接を依頼された。応募者は、鉄鋼商社で営業担当をしていた35歳の男性で、当社でも営業関係の勤務を希望していると言う。
　45分間の面接で、志望動機・営業スキル・当社での担当業務の希望などを確認するのが主な目的であるが、人事課の採用担当者から1つだけ、「厨房機器業界の魅力について、応募者にわかりやすく教えてあげていただけますか」という要望があった。
　面接の場で、武田課長は厨房機器業界の魅力について、次のように説明した。
武田「食べることは人生最大の喜びの1つで、厨房機器はこの世になくてはならないものです。質の高い厨房機器を供給する厨房機器業界は、社会的な意義の大きい、魅力的な業界だと言えます」

武田課長の業界の魅力の説明は、不十分・不完全だと思われます。どのような点が問題でしょうか。

第8章　マネジャーとして進化する

解答　武田課長は厨房機器業界の社会性を説明しているが、業界の魅力は社会性だけでなく、収益性・成長性・安定性などがあり、説明の範囲が狭い。また、漠然とした説明で、応募者にアピールする内容になっていない。経営戦略や会計の知識を使って、理論的・具体的な説明をするべきである。

解説　心理学者クルト・レヴィンは、「良い理論ほど実践的なものはない」という名言を残しています。経験を通してマネジメント技法を習得することも大切ですが、しっかりした理論（企業で働くマネジャーの場合は経営知識）を身に付け、物事の本質を把握していると、新しい事態に直面したときに柔軟に対応することができます。マネジャーは、担当業務だけでなく、所属する組織、市場・業界などについて、広く、深い経営知識を身に付ける必要があります。

　本ケースでは、武田課長のような感覚的・一面的な説明ではなく、まず業界の魅力とは何なのか、を考える必要があります。その上で、たとえば収益性なら、業界平均のROE（return on equity）で収益性の状況を示し、高低の原因をファイブフォース分析で説明します。紙幅の都合で詳述しませんが、ROEは企業の収益性を示す会計の指標で、ファイブフォース分析は収益構造を分析する経営戦略の概念です。

74 ネットワークの形成

　先日、武田課長は、幹部懇親会の席で、人事部の島津部長から人的ネットワークについてアドバイスされた。
島津「管理職として良い仕事をするには、幅広い人的ネットワークを持つことが大切です。ネットワークを形成・発展させるよう、意識的に努力してください」
　武田課長は、仕事で成果を出すことやそのためにスキルを上げることには人一倍熱心だったが、人的ネットワークということはほとんど意識していなかった。
　昼間は黙々と仕事をし、夕方になると、営業支援課のメンバーと連れ立って飲みに行く。飲み会では難しいことは言わず、明るく騒ぐ。
　社外では、年に数回、高校・大学時代の友人と会うことがあるが、基本は会社中心である。

問題 武田課長は、今後どのように人的ネットワークを形成・発展させていくべきでしょうか。

第8章　マネジャーとして進化する

解答
・勤務時間中に他部門のメンバーと仕事に関連した雑談をする。
・趣味や関心領域での社外の集まりに顔を出す。

解説
　経済学者ゲイリー・ベッカーの人的資本理論によると、人材が持つ能力は、どの企業においても有用な一般能力とその企業でしか必要とされない**企業特殊能力**に分類できます。色々な企業特殊能力の中でマネジャーにとってとくに大切なのが、**交換記憶**（transactive memory）です。

　交換記憶とは、他人の専門的な知識やスキルなど、自分の頭以外に保存されている情報を参照することです。自分の知識を増やすよりも（what）、誰が何を知っているかを知り（who knows what）、他人の知識をうまく組み合わせる方が良い仕事ができます。

　よく「人的ネットワークが重要だ」と言われますが、ただたくさんの人を知っていれば良いというわけではありません。誰が何を知っているかを知るためには、終業後の飲み会よりも、昼間に雑談をすることが有効です。

　また、学校時代の友人と会うのは良い気分転換になりますが、社外のネットワークを広げるには、趣味や関心領域での集まりを起点にすると良いでしょう。

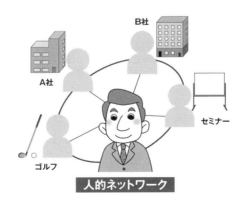

75 パワー

　営業支援課に着任して1年が経ったところで、武田課長は自分のリーダーシップについて振り返った。

　職場の責任者として武田課長が心掛けているのは、メンバーがどう行動すれば良いのか迷わないように、明確に指示・命令することだ。もちろん、本社勤務は初めてで不明なことが多いので、独善的な指示・命令にならないよう、メンバーの意見を聞いてから指示・命令するように心掛けている。

　メンバーは、武田課長の指示・命令に従ってしっかり対応してくれている。メンバーからも、「課長はわれわれに何を期待しているのか明確で、働きやすい」という肯定的な意見を伝え聞いている。

　ただ、メンバーが心から納得し、自分に付き従ってくれているかというと、自信が持てない。業務運営でメンバーと意見が対立するとき、メンバーが早々に自分の意見を引っ込めることがある。そういう経験をすると、「相手が課長だから仕方なく言うことを聞いているんだな」と武田課長は考えてしまう。

問題　メンバーへの影響力を高めるために、武田課長は自分の何を変えていくべきでしょうか。

第8章　マネジャーとして進化する

・業務の専門知識を身に付ける。
・社外での研鑽で人間性を高める。自分の思想を自己開示する。
・営業所での経験や社外でのネットワークなどを紹介する。

　マネジャーが関係者に自分の意向に沿って働いてもらうには、**パワー**が必要です。パワーは日本語では、「影響力」に近い概念です。
　フレンチやラーベンらによると、パワーの源泉は次の6つです。

① **強制的パワー** …… 相手に処罰を与える権限・能力によるパワー
② **報酬的パワー** …… 相手に対して報酬を与える権限・能力によるパワー
③ **正当的パワー** …… 公式の地位・役職によるパワー
④ **専門的パワー** …… 専門的な知識によるパワー
⑤ **同一的パワー** …… 相手が憧れ、同一視したときに生まれるパワー
⑥ **情報的パワー** …… 情報を持ち、コントロールすることによるパワー

　このうち、①から③は、権限規程など何らかの形で組織から公式に定められているので、公式のパワーと言います。一方、④⑤⑥は属人的なものであり、非公式のパワーです。公式の関係者が心から従うのは、非公式のパワーです。
　武田課長は公式のパワーを備えている一方、非公式のパワーは不十分ですから、非公式のパワーを高め、行使するよう努めます。

76 リーダーの資質

　久しぶりに伊達本部長を交えた部内の管理職の飲み会になった。いつもは、職場の問題や人事について話すことが多いのだが、今回は珍しく格差問題が話題になった。
　日本における近年の格差の拡大について現状を確認した後、小早川部長が武田課長に意見を求めた。
小早川「武田さんは、親が商売に失敗して学生時代にお金で苦労したって言ってたよね。最近の格差問題の議論についてどう思うわけ？」
武田「えー、とくに意見はありませんが、格差によって教育を受けられない子供が増えるのは良くないことですね」
　武田課長の発言に続いて何人かが、生活保護世帯が増える、少子化が進む、生活保護や失業手当で財政が悪化する、若年層の犯罪が増える、といった格差がもたらす悪影響を指摘した。
　その議論を聴いていた伊達本部長が、意見が出尽くしたところで発言した。
伊達「このテーマには正解も不正解もないんだけど、君たちの議論は聴いていてあまり面白くはなかったなぁ」

問題 伊達本部長は、武田課長らの議論がどのように面白くなかったのでしょうか。推測してください。

第8章　マネジャーとして進化する

- 所得の格差だけを論じており、資産・社会的地位・地域などの格差を多面的に論じていない。
- 影響だけを論じていて、原因や対策を論じていない。
- 影響の中でも悪影響だけに目を向けていて、良い影響には着目していない。
- 日本の現状だけを論じていて、過去との比較や国際比較をしていない。
- 論評だけで、確固たる主張が感じられない。

　マネジャーは、幅広い経営知識を持ち、適切な行動をするだけでなく、高度な資質を備える必要があります。関係者から「博識だし、言っていることはもっともなんだけど、あの人には付いて行く気がしない」と言われるマネジャーは、たいてい資質の面に問題があります。

　組織の上に立つリーダーに必要な資質については色々な議論・研究がありますが、本ケースで問題にしているのは、大局的なものの見方・考え方です。リーダーは、潮流を意識し、大局的・多面的にものを見て、独自の解釈・主張を展開する必要があります。

　「格差問題のことなんて知らなくても、仕事で困るわけじゃないだろう」と思われるかもしれませんが、メンバーは、マネジャーが大局観や独自の思考を持っているかどうか厳しくチェックし、付いて行くかどうかを判断しているのです。

77 リーダーとしての志

　武田課長は、同期入社の細川係長と会社のそばの居酒屋で飲んでいる。24人いる同期入社の中でも細川係長とはとりわけ仲が良い。同期入社組の近況や会社の人事のことなどを話したあと、細川係長は武田課長の人事のことを話題にした。
細川「武田は肝臓を悪くして休職したから、まさか同期の一番乗りで課長になるとは思わなかったよ」
武田「まあ、ラッキーというか、巡り合わせが良かったんだろうね」
細川「でも、いきなり本社の課長ってのは、上から相当に期待されてることは間違いないよな。武田は将来社長になろうとか思ってるわけ？」
武田「そういうことは考えたことなかったなぁ。営業所の頃は、お客さんに当社の製品を使っていただきたい、という一心だったから」
細川「じゃあ今は？」
　細川係長の質問に武田課長はハッとした。この１年間、武田は自分なりに懸命に職場のマネジメントに取り組んできた。しかし、将来に向けて「これを実現したい！」という目標や志を意識していなかった。

問題　武田課長は、将来に向けて
どのような目標・志を持つべきでしょうか。

第8章 マネジャーとして進化する

本ケースには解答はありません。

マネジャーが目標や志を持つかどうか、持つとしてどういう目標や志を持つか、まったく個人の自由です。目標・志のある・なしと本人のキャリア満足度は相関が乏しいと言われます。したがって、本ケースには解答はありません。

ただ、マネジャーは、メンバーなど関係者が自分のことを見る目を意識する必要があります。

会社には、明確な目標・志を持たず、現在の地位・仕事に安住しているマネジャーもいれば、大きな目標・志を打ち立てて実現に向けて努力を続けるマネジャーもいます。本人の満足度はともかく、どちらのマネジャーに関係者が付いてくるでしょうか。言うまでもなく、後者でしょう。メンバーが「よし、このマネジャーと一緒に頑張っていこう」と共感するのは、目標・志を持つマネジャーです。

つまり、マネジャーとして関係者に付いてきてほしい、それによってより良い仕事をしたいと思うなら、昇進するか、社長になるかどうかということに関係なく、大きな目標・志を立て、成長する努力を欠かしてはいけないということです。

第8章のおわりに

　この章では、マネジャーが発展的な課題に挑戦することや能力を高めることを検討しました。

　能力を伸ばすと、仕事の幅が広がり、仕事の質が上がり、大きな成果を出せるようになります。大きな成果を出すと、仕事に対する自信が付き、周囲からの評価・信頼が上がり、さらに責任ある仕事を任せられるようになります。マネジャーに限った話ではありませんが、能力を伸ばすことで、仕事を巡る好循環が回り始めるのです。

　残念ながら日本のマネジャーは、自分の能力を伸ばし、より大きな仕事をすることに、あまり貪欲ではありません。部下の面倒をちゃんと見て、例外的な事態をきちんと対処すれば十分ではないか、と考えるマネジャーが多いようです。たしかに、本章で紹介した論点のいくつかは、マネジャーの責任の範囲を超えています。

　しかし、近年そういう状況が少しずつ変わり始めているような気がします。著者は産業能率大学・マネジメント大学院で社会人の学生に教えていますが、そういう場所で自分を高めるために研鑽をするビジネスパーソンが着実に増えています。ここまで読み進められた読者の皆さんも、向上心や野心を持っていることでしょう。

　読者の皆さんがより学び、より良いマネジメント活動をし、充実したビジネスライフを送られることを期待します。

著者紹介

日沖　健（ひおき　たけし）

日沖コンサルティング事務所 代表
産業能率大学 講師（総合研究所＆マネジメント大学院）
慶應義塾大学卒、Arthur D. Little School of Management 修了 MBA with Distinction.
日本石油（現・JX）勤務を経て現職
専門：経営戦略のコンサルティング、経営人材育成
著者：『戦略的トップ交代』『戦略的事業撤退の実務』『成功する新規事業戦略』
　　　『実戦ロジカルシンキング』『問題解決の技術』『歴史でわかるリーダーの器』
　　　『コンサルトが役に立たない本当の理由』『変革するマネジメント』『経営人材育成の実践』
　　　『全社で勝ち残るマーケティング・マネジメント』『社会人のための問題解決力』
　　　『ケースで学ぶ経営戦略の実践』
　　　『ワンランク上を目指すための ロジカルシンキング トレーニング 77』など。

hiokiti@soleil.con.ne.jp

できるマネジャーになる！
マネジメント トレーニング77　〈検印廃止〉

著　者	日沖　健
発行者	飯島聡也
発行所	産業能率大学出版部

東京都世田谷区等々力 6-39-15　〒158-8630
（電話）03（6432）2536
（FAX）03（6432）2537
（振替口座）00100-2-112912

2016年 5月31日　初版1刷発行
印刷所・製本所／日経印刷

（落丁・乱丁はお取り替えいたします）　ISBN 978-4-382-05737-1
無断転載禁止